Daniel Nöckler

# Tourismuspolitik in Österreich

Der Einfluss des Bundes und der
Bundesländer auf Tourismus

disserta
Verlag

Nöckler, Daniel: Tourismuspolitik in Österreich. Der Einfluss des Bundes und der Bundesländer auf Tourismus, Hamburg, disserta Verlag, 2014

Buch-ISBN: 978-3-95425-780-5
PDF-eBook-ISBN: 978-3-95425-781-2
Druck/Herstellung: disserta Verlag, Hamburg, 2014
Covermotiv: © laurine45 – Fotolia.com

**Bibliografische Information der Deutschen Nationalbibliothek:**
Die Deutsche Nationalbibliothek verzeichnet diese Publikation in der Deutschen Nationalbibliografie; detaillierte bibliografische Daten sind im Internet über http://dnb.d-nb.de abrufbar.

© disserta Verlag, Imprint der Diplomica Verlag GmbH
Hermannstal 119k, 22119 Hamburg
http://www.disserta-verlag.de, Hamburg 2014
Printed in Germany

## Danksagung:

Ein Dank gebührt Univ. Prof. Dr. Reinhard Heinisch für den Support während der gesamten Zeit auf der Universität. Erst dadurch konnte meine Untersuchung mit entsprechender Fachkenntnis gefüllt werden.

Des Weiteren danke ich meinen Eltern Anita und Hubert und meiner Schwester Katharina. Vor allem die Kompetenz und langjährige berufliche Erfahrung meines Vaters haben das Interesse an der Kombination Tourismus und Politik geweckt.

Als weitere wichtige Unterstützer und Antriebsfedern in persönlicher Hinsicht gelten meine Freundin Mag. Simone Zangerl mit ihrer Familie. Dafür bedanke ich mich herzlich!

# Inhaltsverzeichnis

# Abkürzungsverzeichnis:

| | |
|---|---|
| Abb. | Abbildung |
| AK | Arbeiterkammer |
| BKA | Bundeskanzleramt |
| BMWFW | Bundesministerium für Wissenschaft, Forschung und Wirtschaft |
| B-VG | Bundes-Verfassungsgesetz |
| ca. | cirka |
| bzgl. | bezüglich |
| d.h. | das heißt |
| EFRE | Europäische Fonds für regionale Entwicklung |
| ERP | European Recovery Program |
| ESF | Europäischer Sozialfonds |
| ETZ | Europäische Territoriale Zusammenarbeit |
| etc. | et cetera |
| FPÖ | Freiheitliche Partei Österreichs |
| INTERREG | Interregionale Zusammenarbeit |
| IT | Informationstechnik |
| Jh. | Jahrhundert |
| KMU | Kleine und mittlere Unternehmen |
| LAWIK | Landwirtschaftskammer |
| Mio. | Millionen |
| NGO | Non Governmental Organisation |
| ÖHT | Österreichische Hotel- und Tourismusbank |
| ÖHV | Österreichische Hoteliervereinigung |
| ÖROK | Österreichische Raumordnungskonferenz |
| ÖVP | Österreichische Volkspartei |
| ÖW | Österreich Werbung |
| SLTG | SalzburgerLand Tourismus Ges.m.b.H. |
| sog. | sogenannt |
| SPÖ | Sozialdemokratische Partei Österreichs |
| St. | Sankt |
| Tab. | Tabelle |

| | |
|---|---|
| TP | Tourismuspolitik |
| TSA | Tourismus Satellitenkonto |
| TVB | Tourismusverband |
| u.a. | unter anderem |
| usw. | und so weiter |
| UVP | Umweltverträglichkeitsprüfung |
| Vgl. | Vergleich |
| vs. | Versus |
| WIFO | Österreichisches Institut für Wirtschaftsforschung |
| WK/WKÖ | Wirtschaftskammer/Wirtschaftskammer Österreich |
| WM | Weltmeisterschaft |
| z.B. | zum Beispiel |

# 1 Einleitung:

## 1.1 Forschungsinteresse:

Die Eigenschaften des Tourismus sind im Zuge der familiären Hintergründe stets präsent gewesen. Zusätzlich zeigt der berufliche Werdegang eine starke Verknüpfung mit der Branche. Bisherige berufliche Stationen waren eine Skischule, die Gastronomie und zwei Tourismusverbände im Bundesland Salzburg. Außerdem ist innerhalb des politikwissenschaftlichen Forschungsgebietes der Bedarf zur Analyse der Tourismuspolitik gegeben. Eine weitere Forcierung wäre zukünftig wünschenswert.

## 1.2 Beweggründe für die Forschung:

Das Forschungsinteresse und die Beweggründe führen zu einer Beschäftigung mit dem Thema Tourismuspolitik. Was will gewusst werden? Mit dieser Frage hat sich das Forschungsgebiet weiter geöffnet. Dabei sind folgende Gedanken festzuhalten:

- Was charakterisiert die Tourismuspolitik im Bundesstaat Österreich?
- Wie wird Tourismuspolitik gemacht?
- Wer macht Tourismuspolitik?
- Wieso gibt es Gemeinsamkeiten und Unterschiede zwischen Bundesländern in Hinsicht auf die Tourismuspolitik?
- Welche Prozesse sind als Tourismuspolitik klassifizierbar?

Die Relevanz der Themenwahl ist dadurch gegeben, dass bis dato Tourismus in Verbindung mit Politik literarisch wenig aufbereitet wurde, es fehlt der politikwissenschaftliche Ansatz in der Materie. Bestehende Publikationen beschäftigen sich meist mit den Bereichen Tourismuswirtschaft, Tourismusmarketing und Statistik. In der Schweiz und in Deutschland sind Schriften zur politikwissenschaftlichen Analyse des

Tourismus bereits verfasst worden, in Österreich stellt dies hingegen eine Neuerung dar. Es weisen die Schweiz und Deutschland einen höheren Forschungsgrad zum Thema Tourismuspolitik auf, innerhalb Europas gilt aber auch die Alpenrepublik als Vorzeigeland des Tourismus. Es kann zudem als untypisch angesehen werden, dass es sich um einen politischen Bereich handelt, der im Kern Ländersache ist.[1]

Die Querverbindungen zwischen fünf Dimensionen, diese fassen alle politischen Bereiche des Tourismus zusammen, der Tourismuspolitik, diese sind Wirtschaft, Arbeit und Soziales, Verkehr und Infrastruktur, Natur und Umwelt, Kultur und Gesellschaft, werden aufgezeigt. Im Interesse stehen hier die politischen Mechanismen, die zur Lösung von Problemen beitragen und mehrmals angewendet werden. Beispielsweise wird ein Teil des BIP durch Tourismus beeinflusst, das heißt, dass vor allem die arbeits- und wirtschaftspolitische Bedeutung der Tourismuspolitik klar herausgearbeitet werden können. In der Literatur ist der tourismuspolitische Bereich zwar behandelt worden, dies aber noch nicht im großen Stil und in allen Facetten. Mängel in der Behandlung von Tourismuspolitik sind in mehreren Bereichen zu sehen. So sind die politischen Funktionsweisen des Tourismus in Österreich wenig theoretisch und empirisch belegt.[2]

Eine Spezifizierung der Tourismuspolitik im österreichischen Sinne lässt sich vornehmen, vor allem eine Analyse im Sinne der politischen Entscheidungsträger bietet sich an. Die Hintergründe der tourismuspolitischen Materie sind noch unzureichend behandelt, meist werden nur Statistiken zitiert und partielle Bereiche untersucht. Die Einseitigkeit der Statistiken muss kritisch hinterfragt und richtig gedeutet werden. So wurde das Jahr 2013 als Nächtigungsrekordjahr positiv dargestellt, aber es gehört auch kritisch hinterfragt: Wie viele Gästebetten sind in Österreich dazugekommen und ist die Wirtschaftlichkeit gegeben? Hat die Tourismuspolitik hier ihren Teil beigetragen?[3] Interessant ist die Vernetzung von Tourismus mit den politischen Institutionen und Entscheidungsträgern. Die Komplexität und Wirkungsbereiche der politischen Akteure werden kaum umfassend untersucht und die Simplifikation durch rein wirtschaftliche Betrachtungen vorgezogen. Bis dato fehlt zudem die tourismuspolitischen Modelle für Österreich, nur wenige Autoren sind generell auf die politischen Parameter des österreichischen Tourismus eingegangen.

---

1  Vgl.: BMWFW, Tourismus in Österreich
2  Vgl.: Schmidt (1990, S. 11-13)
3  Vgl.: Dasch (2014)

Die Investitionsausschüttungen und Förderungen im Tourismus sind durch die tourismuspolitischen Entscheidungsträger in den Bundesländern und im Bund gewährleistet. In der Literatur sind die politischen Ziele im Förderwesen noch unzureichend untersucht, es ist Forschungspotenzial vorhanden. Als finaler Punkt für das Forschungsinteresse ist anzumerken, dass die außenpolitische Wirkung von Tourismus ein Gebiet für eine politische Untersuchung darstellt, dies im Rahmen von z.B. internationalen Sportveranstaltungen in Österreich oder Argumenten für Urlaub in Österreich.[4]

Mit hoher Wahrscheinlichkeit lassen sich tourismuspolitische Interessen in wirtschaftlichen und arbeitstechnisch relevanten Bereichen ausmachen. Der Ausschluss alternativer Ursachen zeigt gestaltet sich folgendermaßen.[5] Durch die legislative Kompetenz der Bundesländer und die indirekte Macht des Bundes, können externe Faktoren wie private Akteure und NGOs nur als externe Gestalter der Tourismuspolitik dienen. Politische Entscheidungen werden von entsprechenden Akteuren vorgenommen, diese sind als politische Entscheidungsträger zu klassifizieren. Den Kammern kommt durch den informellen Charakter in Diskussionen eine eigene Machtrolle zu. Eine zweite politische Machtdemonstration liegt in dem Sachverhalt begründet, dass die Bundessparte Tourismus über den sechs Fachverbänden der gewerblichen Betriebe steht. Als Vorstehender der Bundessparte gilt der Minister. Wirtschaftliche Interessen ordnen sich somit der politischen Bundesebene unter.[6]

Drittens ist die Österreich Werbung dem Bundesministerium unterstellt, analog verhält sich dies bei den Tourismusorganisationen in den Bundesländern, die der Kontrolle der Landesregierungen und des Landeshauptmannes unterliegen. Es kann daher keine machtpolitische Einwirkung der Marketingebenen erfolgen bzw. die Entscheidungsträger des Bundes und der Länder geben jeweils die Linie vor und stimmen ab.[7] Als alternative Ursache auszuschließen sind auch die Faktoren Klima und Naturkatastrophen. Diese können zwar Auswirkungen auf den Tourismus und die Tourismuspolitik zeigen, sind jedoch nicht vorhersehbar und müssen als Risikofaktor außer Acht gelassen werden.

---

4  Vgl.: Schmidt (1990, S. 4-13)
5  Vgl.: BMWFW, Neue Tourismusrekorde unterstützen Konjunktur und sichern Wachstum und Arbeitsplätze
6  Vgl.: Ribing (2012, S. 3-32)
7  Vgl.: BMWFJ (2013d, S. 24)

Die politischen Diskussionen um den Flughafen Salzburg, große Sportevents wie die Ski-WM in Schladming und die Wirtschaftskrise sind Faktoren, die das Interesse an Tourismus belegen und die politische Verantwortung zeigen. Diese entsprechen dann den tourismuspolitischen Agenden des Bundes und der Bundesländer. Es wird sich im Verlauf der Untersuchung zeigen, welche Verbindungen zwischen Tourismus und Politik existieren.[8] Diese Tourismuspolitik teilt sich in fünf Dimensionen. Durch die ersten Überlegungen haben sich erste Unterfragen ergeben, die schließlich in die Forschungsfrage münden: Welchen Einfluss hat Tourismuspolitik auf den Tourismus in Österreich? Warum wird Tourismuspolitik in Österreich überhaupt gemacht? Warum haben der Bund und die Länder Interesse am Tourismus?[9]

---

8   Vgl.: BMWFW, Neue Tourismusrekorde unterstützen Konjunktur und sichern Wachstum und Arbeitsplätze
9   Vgl.: Mundt (2004, S. 40-44)

# 2 Erklärungen und Erwartungen:

Aus den Überlegungen, die sich in der Einleitung finden, hat sich die Forschungsfrage für die vorliegende Untersuchung ergeben. Diese ist der Ansatzpunkt der Forschung und wird der Analyse unterzogen:

Was erklärt die Unterschiede in der Tourismuspolitik der Bundesländer?

Die Tourismuspolitik ist die abhängige Variable und die Bundesländer nehmen den Platz der unabhängigen Variable ein. Wichtig ist die Analyse der Bundesländern in Bezug auf ihre möglichen Unterschiede und Gemeinsamkeiten in der Tourismuspolitik. Fünf Dimensionen bestimmen die Tourismuspolitik, diese sind die Bereiche Wirtschaft, Arbeit, Verkehr, Natur und Kultur. Grundsätzlich weist Österreich eine föderale Struktur auf, die neun Bundesländer agieren in gewissen Bereichen weitgehend autonom. Der Bereich der Tourismuspolitik stellt dabei einen der Kompetenzbereich der Länder dar. Es gibt Unterschiede zwischen den Bundesländern, diese sind in verschiedenen Ausprägungen vorhanden. Wichtig ist das herausschälen und die Analyse der politischen Faktoren.

In der Literatur zeigen sich in der Bearbeitung von Tourismuspolitik diverse Strömung. Es gibt die Ansätze aus der Schweiz, aus Deutschland und aus Österreich. Die wichtigen Theoretiker der Schweiz sind Claude Kaspar, Bernhard Kramer, Jost Krippendorf, und Hansruedi Müller. Daneben bieten Walter Hunziker und Kurt Krapf eine Grundlage in der Tourismusforschung, darauf bauen die oben genannten Autoren auf. Die Ansätze von Claude Kaspar, Jost Krippendorf und Hansruedi Müller finden auch in Deutschland und Österreich Anwendung. Eine Analyse des Tourismussystems wurde von Kaspar ausgearbeitet, dieses erklärt in objektiver Weise die Zusammenhänge zwischen den Disziplinen und Tourismus. Damit lässt sich eine Einordnung der politischen Entscheidungsträger vornehmen. Hansruedi Müller bietet den höchsten Grad an Spezialisierung auf Tourismuspolitik, vor allem in Beziehung mit Umwelt und Natur. Die tourismuspolitischen Untersuchungen der Schweiz können als höchst professionell betrachtet werden. Bei den deutschen Autoren sind Jörn W. Mundt, Ralf Bochert, Horst W. Opaschowski, Walter Freyer und Walter Kahlenborn hervorzuheben. Mundt zeigt, ähnlich zu Müller, die Grundlagen der Tourismuspolitik auf und verortet die politischen

# Abbildung 1: Nächtigungsverteilung der Bundesländer für 2012

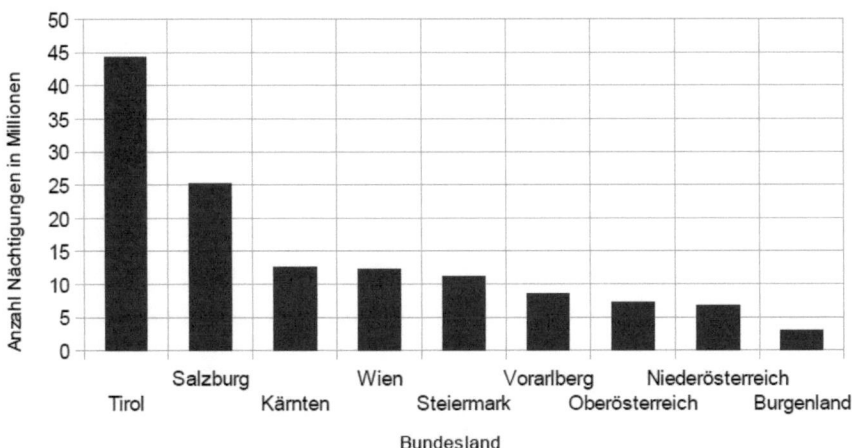

Quelle: Eigendarstellung, Daten von Statistik Austria: Ankünfte, Nächtigungen sowie durchschnittlicher Aufenthaltsdauer nach Bundesländern (1995 bis 2013)

Es gibt ein West-Ost Gefälle im Tourismus. Die Nutzungsintensität ist im Westen, von Vorarlberg bis zum Salzkammergut, Schladming und den Seen in Unterkärnten, als hoch und sehr hoch eingestuft worden. In den östlichen Regionen gibt es tendenziell eine weniger ausgeprägte Tourismusnutzung, partielle Zentren des Tourismus können aber auch im Osten auftreten. Ein weiterer Faktor liegt in den Unterschieden in der Saisonalität. In den Alpengebieten finden sich Trends hin zum Wintertourismus oder Zwei-Saisonen-Tourismus, dieser Schwerpunkt lässt sich vor allem in Tirol und Salzburg feststellen. So ist der Salzburger Pongau eine der am besten ausgestatteten Regionen im Alpenraum bezüglich Infrastruktur für den Skisport. Das bedeutet eine hohe Anzahl an Seilbahnen und touristischen Betrieben mit Qualifikationen für den Wintertourismus.[10] Daneben zeigen die Seengebiete in Österreich einen starken Fokus auf den Sommertourismus. Ein Großteil findet sich in Kärnten und betrifft teilweise nur einzelne Gemeinden. Festzuhalten dabei ist, dass diese Unterschiede nicht nur in der geografischen Situation liegen. Es spielt auch die Angebotsgestaltung eine Rolle: Es gibt Regionen und Orte, die einen Ganzjahrestourismus noch nicht erreichen. Der dritte Unterschied ist auf eine hohe Intensität im Sommertourismus zurückzuführen. In Kärnten finden sich sehr nutzungsintesive Orte und Regionen, die im Sommer auch eine hohe touristische Belastung aufweisen. Neben Kärnten lässt sich dies auch im Salzkammergut

---

10 Vgl.: Smeral (1994, S. 183-184)

feststellen, hier ist jedoch die Intensität der Nutzung als geringer zu bewerten. Ein vierter Unterscheidungspunkt liegt in dem Sachverhalt der Verdichtungszonen. An industriell und produktionstechnisch gut gelegenen Standorten ist der Tourismus weit weniger wichtig als in Tourismuszentren. Verfügt ein Bundesland, z.B. Oberösterreich, über mehrere Verdichtungszonen, so ist die Professionalisierung des Tourismus niedriger. Fünftens sind gesellschaftliche Probleme durch Intensivtourismus zu nennen. Der Intensivtourismus im Winter führt zu gesellschaftspolitischen Veränderungen. So nimmt die Anzahl an Zweitwohnung zu und die einheimische Bevölkerung hat Probleme bei der Wohnungsfindung. Partiell lässt sich in solchen Orten und Regionen eine Abwanderung der heimischen Bürger beobachten. Dieser Sachverhalt ist in Statistiken häufig durch Zweitwohnungsbesitzer und zugezogene Arbeiter nur schwer ersichtlich. Ein zweites Problem liegt in der Entwicklung hin zu Niedriglöhnen. So kann es sein, dass die Lebenskosten und das Wohnen überdurchschnittlich hoch sind, das Lohnniveau aber niedrig gehalten wird. In urbanen Gebieten, z.B. Wien, treten diese Effekt dagegen eher selten auf.[11]

Neben den Feststellungen in der Studie der WKÖ gibt es noch weitere allgemeine Unterscheidungspunkte zwischen den Bundesländern. So ist die Abhängigkeit vom Tourismus unterschiedlich. Manche Bundesländer sind wenig industriell und deshalb stärker von der Wirtschaftsleistung und Beschäftigung des Tourismus abhängig als andere. Tirol und Salzburg würden bei Einbußen im Tourismus eher Probleme bekommen als Oberösterreich. Ein wirtschaftliches Gegensteuern wäre für die Erstgenannten kaum möglich, da die industrielle Infrastruktur ganz einfach fehlt. Zudem bedeutet das kontinuierliche Ausbleiben von Gästen die Insolvenz für die vielen KMUs und einen Anstieg der Arbeitslosigkeit.[12] Als weiterer Punkt kann die Unterscheidung in der Rechtsstruktur genannt werden. Durch die Tourismusgesetzgebung werden die Sachverhalte des Tourismus rechtlich geregelt. In den Kompetenzen gibt es jedoch insofern Unterschiede, dass jedes Bundesland ein eigenes Gesetz hat. Im Falle einer Verschiebung von Landesgrenzen, wie dies z.B. unlängst zwischen Oberösterreich und der Steiermark passiert ist, kann es zu Konflikten rechtlicher Natur kommen, wenn sich in dem Gebiet touristisch relevante Infrastruktur befindet.[13]

---

11 Vgl.: Smeral (1994, S. 183-184)
12 Vgl.: AHK – Deutsche Auslandshandelskammer (2013)
13 Vgl.: Kurier, Steiermark verliert Eispalast (2013)

## 2.2 Gemeinsamkeiten der Bundesländer:

Allen Bundesländern gemeinsam ist ein bestehendes Tourismusgesetz auf Landesebene. Zusätzlich spielen die Kammern, vor allem WK, AK und LAWIK, eine gewichtige Rolle in tourismuspolitischen Belangen. Es gibt fünf tourismuspolitische Dimensionen, in diesen sind die Gemeinsamkeiten der Bundesländer zu finden:

In der Wirtschaftspolitik: Das generelle Credo ist, dass strukturschwache Regionen mit Tourismusförderungen gestützt werden, sei es mit finanziellen Mitteln bei Einzelprojekten oder bei regionalen Verbesserungen. Eine Ankurbelung der Wirtschaft durch Tourismus kann in allen Bundesländern mit folgenden Maßnahmen erzielt werden: z.B. Sportveranstaltungen, Kulturveranstaltungen, Errichtung von Leitbetrieben, usw. Zusätzlich kommen die Erträge aus dem Abgabewesen wieder den Regionen zu Gute und tragen zu einer Nachhaltigkeit der Wirtschaft bei.

In der Verkehrs- und Infrastrukturpolitik: Eine gute Verkehrsinfrastruktur ist für den Tourismus unerlässlich, da ohne logistisch günstige An- und Abreisemöglichkeiten kaum Gäste kommen. Bei Bundesstraßen ist der Bund in seiner Kompetenz gefordert, bei Landesstraßen das Land. Finanziell aufwändige Projekte wie Tunnelbauten sind meist mit tourismuspolitischen Hintergedanken geplant und touristische Fördergelder werden zugeschossen. Mit Hilfe von Maßnahmen wie Maut und Vignette fließen zusätzlich Gelder in die Landes-und Staatskassen.

In der Sozial- und Arbeitspolitik: Durch den Tourismus können kurzfristig Arbeitsplätze generiert werden. Dies ist eine wichtige Funktion für den finanziellen Ausgleich in Krisenzeiten. Zusätzlich regelt sich in tourismusintensiven Regionen das Lohnniveau und die Kaufkraft mit Hilfe von Touristenströmen. Dies muss jedoch nicht immer im gesellschaftspolitisch positiven Sinn passieren. Alle Bundesländer streben nach einer adäquaten Ausbildung der Arbeitnehmer, daher werden Lehrberufe und Tourismusschulen speziell für die Materie abgestimmt.[14]

---

14  Vgl.: BMWFJ (2013c, S. 6-14)

In der Natur- und Umweltpolitik: Der Umwelt- und Naturschutz hat teilweise durch die Tourismuspolitik eine Aufwertung erfahren. Speziell in diesem sensiblen Bereich finden sich die hartnäckigen und oppositionellen Veto-Player der Tourismuspolitik. Es kommt hierbei zu einem Duell zwischen ökologischem Gewissen und touristischem Verlangen.[15]

In der Kulturpolitik: Die Erhaltung kultureller Einrichtungen steht als Agenda in jedem Bundesland festgeschrieben, meist in den Strategien. Jedes Bundesland verfügt über eine Landeshauptstadt mit Fokus auf die Kulturpolitik, daneben gibt es aber noch weitere kulturpolitische Ausformungen am Land. Das kulturelle Gut ist identitätsstiftend und daher ein Teil der gesellschaftspolitischen Sphäre. Neben einer sozialen Absicherung ist dies ein wichtiges Standbein für den Wohlstand der einheimischen Bevölkerung.[16]

## 2.3 Unterschiede in der Tourismuspolitik:

Für die Fragestellung ist entscheiden, welche Unterschiede zwischen den Bundesländern eine Auswirkung auf die Tourismuspolitik haben. Angestrebt wird die Suche nach den Erklärungen zu den tourismuspolitischen Unterschieden. Daher ist es notwendig eine Unterscheidung von nicht politischen und politischen Erklärungen durchzuführen.

Es gibt Ursachen die als gegeben anzusehen sind oder vernachlässigt werden können. Diese sind als nicht politische Einflussfaktoren zu werten und drängen sich in einer politikwissenschaftlichen Betrachtung nicht auf. Die geografische Gegebenheiten spielen in der Tourismuspolitik im Allgemeinen keine Rolle. Vorhandene landschaftliche Formen beeinflussen zwar das touristische Potential eines Bundeslandes, es sind aber keine direkten Beeinflussungen der Geografie zur Tourismuspolitik ersichtlich. Die Lage in Europa und der Euroraum spielen für die Tourismuspolitik ebenso keine Rolle, da dies als gegeben anzusehen ist. Die Unterschiede in der Intensität gelten grundsätzlich nicht als politische Faktoren. Im Rahmen der Analyse von zukünftigen Entwicklungen kann es jedoch vorkommen, dass Akteure die Intensität in die tourismuspolitischen Diskussionen einbringen. Für die politischen Entscheidungen der Handelnden ist das unerheblich.

---

15 Vgl.: Feilmayr (2007, S. 74-76)
16 Vgl.: BMWFJ (2010a, S. 4-12)

Folgende Annahmen geben Auskunft über die politischen Erklärungen. Tourismus kann als Wirtschaftsmotor klassifiziert werden, dies fließt entsprechend in die Tourismuspolitik ein. Die politischen Entscheidungsträger haben ein großes Interesse an einer Verbesserung der Wirtschaft und der Beschäftigung mit Hilfe der Tourismuspolitik. Außerdem können Regelungen in der Natur- und Umweltpolitik, der Kulturpolitik und für den Verkehr durch Tourismuspolitik umgesetzt werden. Für die Entscheidungsträger auf Landesebene stellt Tourismuspolitik nicht nur ein einen politischen Kompetenzbereich dar, sondern es werden positive Effekte in Bezug auf Legitimation und Macht erzielt. Die rechtliche Struktur in der Landesgesetzgebung erlaubt die politische Steuerung des Tourismus alleine durch die Landesregierung und den Landeshauptmann. Das bedeutet für die Akteure auf kommunaler Ebene, dass politische Entscheidungen des Landes verbindlich sind und umgesetzt werden müssen. Als weiterer politischer Faktor ist die Abhängigkeit von Tourismus zu nennen. In Bundesländern mit wenig Industrialisierung und einer hohen touristischen Wirtschaftsleistung spielt Tourismuspolitik eine bedeutendere Rolle, als in anderen. So zeigt sich in Wien ein niedriger Bedarf an tourismuspolitischen Lösungen, in Salzburg und Tirol dagegen gibt es eine höhere Beschäftigung mit Tourismuspolitik.

Die Erklärungen für die Unterschiede in der Tourismuspolitik der Bundesländer können in sechs Ausprägungen differenziert werden. Das Interesse an Tourismuspolitik durch die politischen Entscheidungsträger ist unterschiedlich gelagert. In Wien gibt es, z.B. keine Abkommen mit dem Bund zur Tourismusförderungen, das Interesse liegt weniger ausgeprägt vor, als in anderen Bundesländern. Dabei gibt es durch die ÖHT einen Förderbarwert für Wien. Das bedeutet, dass Tourismusförderungen zugerechnet werden, aber das Bundesland diese nicht annimmt. Alle anderen Bundesländern verwenden Fördermittel und entscheiden im Rahmen der Tourismuspolitik darüber.[17] Ein zweiter Faktor in der Unterscheidung ist der Grad der Industrialisierung. In den Bundesländern Oberösterreich und Steiermark verzeichnet man einen höheren Grad an Industrialisierung als in anderen Bundesländern. Bei den Investitionen mit Hilfe der ERP Fonds zeigen sich in Oberösterreich und Steiermark niedrige Werte im Zusammenhang mit Tourismuspolitik, in die Industrie fließen verhältnismäßig hohe Beträge. Diese Fakten sprechen dafür, dass die Wirtschaft durch Industrie gestärkt wird und die Tourismuspolitik in den Hintergrund rückt.[18] Dritter politischer Faktor ist die Abhängigkeit von Tourismus. Manche Bundesländer

---

17 Vgl.: BMWFJ (2012b, S. 22)
18 Vgl.: Plümper (2008, S. 64-77) und BMWFJ (2013c, S. 26)

sind weniger abhängig von den Leistungen des Tourismus als andere. Ausfälle im Tourismus müssen durch die Tourismuspolitik geregelt werden. Optimierungen in den Dimensionen Wirtschaft und Beschäftigung werden, z.B. in Kärnten, Salzburg und Tirol tourismuspolitisch verarbeitet. In den drei Bundesländern zeigt sich die höchste Anzahl an Beherbergungsbetrieben, deren Wirtschaftlichkeit steht im Zusammenhang mit der Tourismuspolitik.[19]

Eine vierte Erklärung verweist auf die Stärkung von strukturschwachen Regionen durch Tourismuspolitik. Förderungen finden ihre Bestimmung in der Forcierung von Projekten, die im Rahmen der Tourismuspolitik geschaffen werden.[20] Durch die Tourismuspolitik und das Förderwesen kann die Strukturschwäche kompensiert oder Tourismus generell in Gang gesetzt werden. In der Notwendigkeit und Form der Unterstützung unterscheiden sich die Bundesländer.[21] Die fünfte Aufgabe und Erklärung der Unterschiedlichkeit von Tourismuspolitik liegt im zukünftigen touristischen Potenzial. Durch hohe finanzielle Zuwendungen im Tourismus werden die zukünftige Entwicklung geprägt und die Tourismuspolitik intensiv gefordert.[22] In der finalen Ausprägung geht es um die Unterschiede in der tourismuspolitischen Behandlung von kultureller Infrastruktur. Strukturell bieten vor allem die Städte in Österreich ein hohes kulturelles Potenzial, in den ländlichen Gebieten nimmt dies ab. Das bedeutet auch, dass in Wien andere Voraussetzungen herrschen, als in den anderen acht Bundesländern. Tourismuspolitische Prioritäten und Herausforderungen sind daher entsprechend gelagert, da man mit der vorhandenen Infrastruktur arbeiten kann.[23]

## 2.4 Entscheidungsfindung und Ziele:

George Tsebelis erwähnt in der Veto-Player Theorie fünf Faktoren, die für die Entscheidungsfindung essentiell sind. So spielt die Anzahl der Veto-Player eine Rolle in Bezug auf die Möglichkeiten der Änderung des Status quo in der Tourismuspolitik. Bei wenigen Veto-Playern ist eine Umgestaltung der Tourismuspolitik einfacher durchzuführen. In der Analyse der Interaktion finden sich diverse Szenarien, diese zeigen die

19 Vgl.: Statistik Austria, Anzahl der Betriebe und Betten nach Bundesländern und Unterkunftsarten 2013
20 Vgl.: Burgenländische Landesregierung (2009, S. 29-32)
21 Vgl.: BKA (2001, S. 80-83)
22 Vgl.: BMWFJ (2013c, S. 26)
23 Vgl.: Smeral (1994, S.97-98)

Möglichkeiten der Minimierung und Maximierung von Veto-Playern in der tourismuspolitischen Entscheidung. Ein zweiter Faktor zielt auf die Kohäsion ab. Mit der Kohäsion ist das interne Gefüge der kollektiven Veto-Player gemeint. Wenn interne Spannungen minimiert werden, dann steigt die Kapazität als starker Veto-Player zu agieren. Dies betrifft die Entscheidungsträger im Bund, in den Kammern, in der Landesregierung und in den Parteien. Als dritter Punkt wird die Distanz zwischen den Veto-Playern angeführt, damit wird die Entscheidungsfindung in den Outcomes beeinflusst. Der vierte Faktor verweist auf die Amtsdauer der Veto-Player. Bei politischen Entscheidungsträgern mit langer Amtszeit sind Reformen schwierig umzusetzen. Tsebelis führt als fünftes Merkmal die ideologische Differenz zur vorangegangenen Regierung an. Diese Einteilung lässt Rückschlüsse auf die Interaktion zu. Im Fall der Tourismuspolitik agieren der Minister für Tourismus, die Landeshauptleute, die Kammern, der Bund, die Landesregierungen und die Parteien generell als Veto-Player.[24]

Wichtig für eine erfolgreiche Tourismuspolitik ist die Akteursstruktur, dabei sind die politischen Entscheidungsträger als formende und beschließende Akteure von höchster Wichtigkeit. Die politischen Entscheidungsträger sind den Veto-Playern in Tabelle 1 gleichzusetzen. Als mächtigste Akteure der Tourismuspolitik gelten die Landesregierungen, der Landeshauptmann, die Parteien und die Kammern auf Landesebene. Es kommt zwischen den genannten Entscheidern zu informellen Treffen auf Landesebene. Auf Bundesebene treten zusätzlich der Minister für Tourismus und der Bund als politische Entscheider auf. Es können in beiden Ebenen ähnliche Vorgänge, wie in der Sozialpartnerschaft beobachtet werden. Die tourismuspolitische Kompetenz der Veto-Player in den Bundesländern muss dabei beachtet werden.[25]

Diese Konstellation ist machtpolitisch von Vorteil für die landespolitischen Institutionen und die Kammern, da die Landesregierung während der Amtszeit fest im Sattel sitzt und durch Wahlen auf einen hohen Grad an Legitimation verweisen kann. Diese Legitimation muss durch politische Entscheidungen ständig behauptet werden. Die handelnden Personen in den Kammern bleiben ebenso über längere Zeitperioden im Amt, daher können sie ihre Interessen langfristig in den tourismuspolitischen Diskussionen durchsetzen. Der Status quo kann vergleichsweise einfach geändert werden. Generell werden die Landesregierung und Kammern durch den informellen Charakter bei Absprachen in ihrer Macht gestärkt. Auf

---

24 Vgl.: Tsebelis (2002 S. 33-35)
25 Vgl.: Schmidt (1990, S. 400)

Bundesebene spielt sich das Machtverhältnis in der Tourismuspolitik ähnlich ab. Es sind in diesem Fall aber neun gleichwertige Akteure im Boot und es steigt der Konkurrenzdruck zwischen den Landesregierungen und Landeshauptleuten. Man will entsprechende Förderungen erhalten, z.B. für Events und infrastrukturelle Bauten. Die in Tabelle 1 ersichtliche Verteilung der Akteure spiegelt die Situation visuell wider.[26]

## Tabelle 1: Veto-Player im Tourismus

|  | Institutionelle Veto-Player | Parteipolitische Veto-Player |
|---|---|---|
| Individuelle Veto-Player | Minister für Tourismus | Landeshauptmann |
| Kollektive Veto-Player | Bund, WK, AK, LAWIK | Landesregierung, Parteien |

Quelle: Eigendarstellung, Daten von Grumer (2011, S. 50)

Die Kernkompetenz im Tourismus liegt bei den Ländern. Daher sind die Akteure Landesregierung, Landeshauptmann und Kammern als Veto-Player der endgültigen Entscheidungen zu werten. Wie oben erwähnt finden die Interessen der Kammern im informellen Charakter ihren Niederschlag. Beim Bund verhält es sich analog dazu, hier spielen die finanziellen Aspekte der Förderungen eine Rolle. Tourismuspolitisch kann der Bund aber keinen direkten Einfluss ausüben, es fehlen ihm die Kompetenzen. Als individuelle Veto-Player treten der Minister für Tourismus und der Landeshauptmann auf, der Minister muss Neutralität gegenüber allen neun Bundesländern wahren, daher erfolgt die Klassifizierung als institutioneller Veto-Player. Von der Machtstruktur her kann er auch nur Empfehlungen abgeben und Förderungen regulieren. In die Entscheidungen der Landesregierungen kann er nicht eingreifen und Sanktionierungen können nur durch finanzielle Beschneidung der Länder erfolgen. Ein Landeshauptmann hat als Teil der Landesregierung erheblich mehr Einfluss und Macht. Entscheidungen in der Tourismuspolitik gründen auf seinen Empfehlungen bzw. können auch direkt vom Landeshauptmann eingebracht werden. Es steht ihm zu das letzte Wort bei tourismuspolitischen Entscheidungen zu sprechen. Gegenstimmen bei politischen Entscheidungen kommen meist von politischen Parteien. Speziell bei Umweltschutz und Naturerhaltung versuchen diese einen Einfluss auf die Tourismuspolitik auszuüben.[27]

---

26 Vgl.: Tsebelis (2002 S. 33-43)
27 Vgl.: BMWFW, Tourismus in Österreich

Auf die politische Entscheidungsfindung der Landesregierung können weitere Akteure indirekt einwirken, indem sie Empfehlungen abgeben oder sich durch fachliche Expertisen auszeichnen. So sind sowohl die ÖW als auch die Landestourismusverbände und Landes-Tourismus-Organisationen im Bereich Marketing und Marktbearbeitung in der Position des Ratgebers für die Landesregierung einzustufen. Entsprechendes Fachwissen fehlt auf politischer Ebene im Marketing. Daher stützt man sich auf Meinungen aus dem Marketingumfeld. Fachverbände üben ihren Einfluss durch Empfehlungen aus, bei adäquaten Problemfällen werden von der Landesregierung die Expertisen eingeholt.

Mit Hilfe von Arbeitsgruppen erfolgt eine Bearbeitung der tourismuspolitischen Sachverhalte. Meist werden hierbei Akteure aus der Landesregierung direkt in die Ausarbeitung entsendet. Sollte dies der Fall sein, so erhöht sich durch das Hinzuziehen eines politischen Entscheidungsträgers die Legitimation der Ergebnisse. Einen unverbindlichen Charakter besitzen die Forderungen und Einflüsse von Seite der Gemeinden, TVBs, Verbänden und Vereinen, NGOs, Einzelbetrieben und -akteuren. Sollten Stimmen aus den Gemeinden und TVBs zu einem tourismuspolitischen Sachverhalt kommen, dann muss die Landespolitik darauf nicht reagieren. Im Sinne einer konsensorientierten Politik wird sie den Gemeinden und TVBs gegenüber Stellung beziehen. Einer Problembehandlung nimmt sich die Landesregierung nur unter bestimmten Umständen an. Bei einem geschlossenen Auftreten mehrerer Gemeinden und TVBs wird die Landesregierung gemeinsam mit dem Landeshauptmann handeln, da es sonst zu Legitimationsproblemen in der Bevölkerung kommt. Dies beeinflusst die Diskussion, politische Entscheidungen werden schlussendlich immer von den Handelnden auf Landesebene und nicht von den kommunalen Akteuren gefällt. Die übrigen Akteure (Verbände und Vereine, NGOs, Einzelbetriebe und -akteure) sind vorwiegend in Arbeitsgruppen und bei Gegengeschäften wichtig. Hierbei sind Umweltgruppen mit langer Wirkungszeit interessant und medial auffällig, diese sind, z.B. die Jägerschaft oder die Agrargemeinschaften. Für die erste Hypothese liegt die Kompetenzaufteilung zu Grunde:[28]

**H1:** Wenn die politischen Entscheidungsträger der Bundesländer eingebunden sind, dann erhöhen sich die Chancen, dass touristische Projekte umgesetzt werden.

Hinter dem Sachverhalt der Förderung von schwächeren Regionen verbirgt sich die Idee, dass alle geografischen Teile Österreichs eine Produktivität im wirtschaftlichen Sinne erzielen

---

28 Vgl.: Ebner, Klambauer, Steindl (1985, S. 84-85)

können. Die Wirtschaftspolitik gilt als eine Dimension von Tourismuspolitik, daneben finden auch die Beschäftigung und die Infrastruktur ihren Eingang. Die zweite Hypothese fasst diese Überlegungen zusammen und lautet:

**H2:** Je strukturschwächer eine Region oder ein Ort ist, desto leichter sind Förderungen zu bekommen.

Die Veto-Player Theorie besagt, dass eine Änderung des Status quo leichter zu erzielen ist, wenn nur wenige Akteure miteinander verhandeln. Damit lässt sich feststellen, dass es für eine schnellere Umsetzung sinnvoll erscheint, mit wenigen Teilnehmern zu agieren. Ein Nebeneffekt verbirgt sich in der zusätzlichen Übereinstimmung der Haltungen zu einem Thema. Ein optimales Ergebnis liegt dann vor, wenn eine schnelle, allgemein akzeptable, nachhaltige und unkomplizierte Form der tourismuspolitischen Entscheidung durchgeführt werden kann. Folglich lautet Hypothese drei:

**H3:** Je weniger Akteure in Entscheidungen eingebunden sind, desto optimaler gestaltet sich die Tourismuspolitik.

Bei großen Sport- und Kulturevents profitieren vier von fünf tourismuspolitischen Dimensionen direkt. In den vier Dimensionen Wirtschaft, Arbeit, Verkehr und Kultur können Verbesserungen erzielt werden. Für den Natur- und Umweltschutz kann sich indirekt ein Vorteil ergeben - beim Tauschhandel von Nutzungsflächen ist es möglich, entsprechende Grünflächen für den Landschaftsschutz zu bekommen. Da Veranstaltungen, aber auch andere Großprojekte mit touristischer Nachhaltigkeit, meist teuer sind, lässt die vierte Hypothese folgenden Schluss zu:

**H4:** Je größer der finanzielle Aufwand eines touristischen Sachverhalts, desto wahrscheinlicher ist die Beteiligung des Landes oder Bundes.[29]

Die Kausalkette in Abbildung 2 veranschaulicht die Vorgänge des Denkansatzes. Beginnend mit den Bundesländern, diese stellen die tourismuspolitischen Entscheidungsträger, leitet die Kette weiter zur Übersetzung des Tourismus. Dort wird Tourismus entsprechend politisch verarbeitet und geformt. Daraus entwickelt sich die Landestourismusgesetzgebung, diese bildet die Basis der Normen und Werte für die Tourismuspolitik. Durch die sechs

---

29 Vgl.: Tsebelis (2002 S. 33-43)

unterschiedlichen Erklärungsansätze der politischen Unterschiede in der Tourismuspolitik der Bundesländer sind die Differenzen zu klassifizieren.

## Abbildung 2: Kausalkette

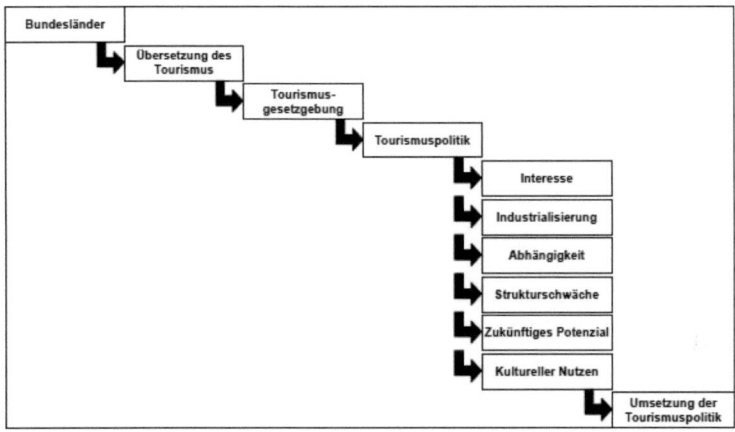

Quelle: Eigendarstellung

Die Hypothesen lassen sich in Abbildung 2 verorten. In der ersten Hypothese sind die Erklärungen Interesse an Tourismuspolitik, Abhängigkeit vom Tourismus, zukünftiges Potenzial und der kulturelle Nutzen wiederzufinden. Tourismuspolitik hat die Zielsetzung, dass Projekte umgesetzt werden. Hypothese zwei zeigt eine Annahme, die auf die Stärkung von strukturschwachen Regionen abzielt. In diesem Zusammenhang spielen Förderungen eine Rolle, diese werden in der Tourismuspolitik vergeben. Die Koordinierung des touristischen Förderwesens bleibt Aufgabe der Bundesländer, finanzielle Unterstützung kommt gegebenenfalls aber auch von der EU und dem Bund. Die dritte Hypothese greift die Idee auf, dass die Entscheidungsträger der Bundesländer durch ihre Kompetenz im Tourismus autonom handlungsfähig sind. Optimale Ergebnisse in der Tourismuspolitik werden erzielt, wenn wenig Akteure entscheiden. Hypothese vier nimmt die Erklärungen Interesse, Abhängigkeit vom Tourismus und zukünftiges touristisches Potenzial auf. Sollte durch einen tourismuspolitischen Sachverhalt die Aussicht auf wirtschaftliche und arbeitstechnische Steigerung vorliegen, dann sind die Entscheidungsträger der Bundesländer oder des Bundes bereit ein Vorhaben umzusetzen und zu finanzieren.[30]

---

30  Vgl.: BMWFJ (2010b)

# 2.5 Operationalisierung:

Um Unterschied in der Tourismuspolitik der Bundesländer zu erhalten, so müssen die Förderungen als Analysemittel Verwendung finden. Die Vergabe von Föderungen erfolgt durch die Entscheidungsträger der Tourismuspolitik. Hintergrund ist in erster Linie eine Verbesserung in der Wirtschaftsleistung und in der Beschäftigung. Optimalerweise dient die finanzielle Unterstützung der Forcierung der ökonomischen, arbeitstechnischen, infrastrukturellen, ökologischen und kulturellen Parametern. Für die politischen Entscheidungsträger gibt es daher einen Anreiz, um sich im Rahmen der Tourismuspolitik damit auseinanderzusetzen.[31] Es können drei Arten der Förderstellen unterschieden werden: Die EU, der Bund und die Bundesländer. Die EU bietet Strukturfonds an, durch den Bund werden diese koordiniert. In Österreich wird auf die Strukturverbesserung Wert gelegt, daher findet man Förderungen im Zusammenhang mit der EU in Form der EFRE Unterstützung für Betriebe und Regionen. Der Bund unterstützt mit Hilfe von Finanzmitteln aus dem ERP. In den Bundesländern werden Förderungen durch das Abgabewesen lukriert und finanziert. Bei Großprojekten bieten die Fördertöpfe der Länder eine finanzielle Hilfe.[32]

Die Tourismuspolitik wird in Kapitel 3 detailliert aufgeschlüsselt. Essentieller Bestandteil der Tourismuspolitik sind die fünf Dimensionen der Variable. Damit zeigt sich die Interaktion der Entscheidungsträger und es werden die Unterschiede zwischen den Bundesländern weiter vertieft. In der empirischen Messung wird die tourismuspolitische Macht der einzelnen Entscheidungsträger analysiert.

Für die empirische Analyse wird folgende Reihenfolge angewandt. Zu Beginn wird die Tourismuspolitik entschlüsselt, danach erfolgt eine Evaluierung der Interaktion der Entscheidungsträger. Das dient in der Folge der Darstellung von Tourismuspolitik und zeigt die Unterschiede derselben in den Bundesländern. Interessant ist in diesem Zusammenhang die Art und Weise der tourismuspolitischen Umsetzung. Eine Klassifizierung der Förderungen wird im Anschluss eingebracht. Die Gegenüberstellung von Tourismuspolitik und Förderwesen lässt Rückschlüsse auf die Unterschiede zu. In den Ergebnissen kann die Variation beobachtet werden.

---

31 Vgl.: BMWFJ (2010b, S. 5-17)
32 Vgl.: BMWFJ (2012b, S. 1-49)

Wie bereits erwähnt, spielen Förderungen in der Tourismuspolitik eine wichtige Rolle dadurch kann ein Vergleich zwischen den Bundesländern stattfinden. In der methodischen Aufarbeitung finden sich zwei grafischen Darstellung, diese zeigen die Zusammenhänge zwischen Entscheidungsträgern und Förderungen. Die Förderungen nehmen dabei die Rolle der Indikatoren ein. Analysiert werden die Fördermittel der ERP Fonds, des EFRE und die Förderbarwerte der ÖHT. Durch die Förderwerte in den Bundesländern lassen sich Indikatoren der Methodik herausfiltern und die Unterschiede in der Tourismuspolitik erklären. Das objektive Moment wird durch die Art der Datenerfassung und -darstellung bestmöglich gewährleistet.[33]

Mit Hilfe der Visualisierungen im empirischen Teil der Untersuchung lassen sich Unterschiede in der Ausformung von Tourismuspolitik in den Bundesländern feststellen. Die erwähnten Unterschiede in der Tourismuspolitik der Bundesländer und die Förderungen dienen als Vorlage. Einen weiteren Einfluss auf die Analyse haben die Charakteristika der Bundesländer, diese finden sich in Kapitel 4. Die Hauptfrage und die Hypothesen lassen sich in Kapitel 5 beantworten.[34]

## 2.6 Empirische Erwartungen:

Mit Hilfe der Hypothesen lassen sich die empirischen Erwartungen festhalten. Angestrebt wird die Bestätigung der tourismuspolitischen Unterschiede der Bundesländer. Die erste Erwartung ist gleichzusetzen mit der ersten Hypothese: Wenn die politischen Entscheidungsträger der Bundesländer eingebunden sind, dann erhöhen sich die Chancen, dass touristische Projekte umgesetzt werden. Dabei sollte das Ergebnis erzielt werden, dass eine Umsetzung ohne politische Entscheidungsträger nicht stattfindet. Durch die strukturellen Bedingungen in der Tourismuspolitik, diese sind historisch gewachsen, kommt es zur Kompetenzbündelung auf Ebene der Landesregierung und des Landeshauptmanns. Die Landesgesetzgebung vereint das tourismuspolitische Instrumentarium für die Entscheidungsträger und diese kann als Regelwerk der Tourismuspolitik verstanden werden. Es gibt eine Verbindlichkeit für die Tourismusgesetzgebung, diese ist von allen Akteuren einzuhalten. In Fragen des

---

33 Vgl.: BMWFJ (2012c, S. 6-18)
34 Vgl.: Plümper (2008, S. 64-77)

Förderwesens und der finanziellen Unterstützung von touristischen Projekten ist die Kompetenz der politischen Entscheidungsträger gefragt. Tourismuspolitische Regelungen betreffen beispielsweise Nutzungsrechte, Bescheide, Raumordnungsvorgaben, Finanzmittelaufbringung, Entwicklungen von Strategien, Förderungen, Veranstaltungen, Großprojekte, usw. Tourismus wird durch Tourismuspolitik geformt und kann damit erst real existieren. Touristische Entwicklungen werden durch Tourismuspolitik realisiert, beeinflusst und kontrolliert.

Es wird des Weiteren in der Empirie erwartet, dass die zweite Hypothese positiv beantwortet werden kann: Je strukturschwächer eine Region oder ein Ort ist, desto leichter sind Förderungen zu bekommen. Die Annahme lautet, dass Förderungen einfacher zu bekommen sind und finanziell höher ausfallen, wenn strukturelle Schwächen in einer Region vorliegen. Dem Zugrunde liegt die Sinnhaftigkeit von Förderungen, diese wurde für eine Verbesserung in der touristischen Wirtschaftsleistung und Beschäftigung geschaffen. Eine effiziente Gestaltung von Tourismuspolitik passiert über Förderungen, damit wird Tourismuspolitik erst real ersichtlich für die Wählerschaft. Zukünftige Entwicklungen werden mit Hilfe mit Fördermitteln gesteuert, dies setzt eine nachhaltige Koordination der Tourismuspolitik voraus.[35]

In der dritten Hypothese findet sich die eine weitere Annahme, die es zu bestätigen gilt: Je weniger Akteure in Entscheidungen eingebunden sind, desto optimaler gestaltet sich die Tourismuspolitik. In der Veto-Player Theorie von George Tsebelis wird behauptet, dass der Status quo leichter verändert werden kann, wenn nur wenige Akteure miteinander verhandeln. Das bedeutet, dass wenige Entscheidungsträger ein tourismuspolitisch optimales Ergebnis erzielen. Im Gegenzug würde eine Vielzahl an Akteuren zu einer zweifelhaften Tourismuspolitik neigen, diese würde Mankos in der Realisierung, Nachhaltigkeit und Wirtschaftlichkeit aufweisen. Fachwissen, Wettbewerb und Gegenspieler sind zusätzliche Parameter in den Verhandlungen und Entscheidungen. Interessant ist die Analyse des Verhältnisses der Entscheidungsträger, darüber hinaus zeigen sich die unterschiedlichen Herangehensweisen an die Tourismuspolitik in den Bundesländern.

---

35 Vgl.: BMWFJ (2010b)

Die finale Erwartungshaltung lautet, dass ein hoher finanzieller Aufwand eines touristischen Sachverhaltes zu einer höheren Wahrscheinlichkeit der Beteiligung des Landes oder Bundes führt.[36] Bereits in der theoretischen Analyse zeigt sich eine positive Tendenz in der Beantwortung der Annahme. Bei finanziell aufwändigen Projekten gibt es eine Förderbeteiligung durch den Bund und/oder der Bundesländer. Im theoretischen Teil der Forschung werden die Kostengrenzen aufgezeigt, in der Tourismusstrategie des Bundes sind diese festgelegt. Beträgen bis € 100.000 werden von den Länder, bis € 3 Mio. vom Bund und ab € 3 Mio. vom Bund und den Länder gemeinsam gefördert. Es sind Interesse bei den Bundesländer und beim Bund vorhanden, diese zielen auf eine Verbesserung von Wirtschaft und Beschäftigung ab. Außerdem wird eine Optimierung der umweltpolitischen, kulturpolitischen und infrastrukturellen Ausprägungen forciert und die Zweckmäßigkeit von Förderungen gedehnt.[37]

---

36  Vgl.: Tsebelis (2002 S. 33-43)
37  Vgl.: BMWFJ (2010b, S. 12)

# 3 Tourismuspolitik in Österreich:

## 3.1 Tourismuspolitik:

Tourismuspolitik hat spezifische Ausprägungen, als Ausgangspunkt sollte eine allgemeine Form der Definition dienen:[38]

> „Unter Fremdenverkehrspolitik ist die bewußte [sic] Förderung und Gestaltung des Fremdenverkehrs durch Einflussnahme auf die touristisch relevanten Gegebenheiten seitens von Gemeinschaften zu verstehen. Gemeinschaften bzw. Träger der Fremdenverkehrspolitik sind dabei Bund, Land, Gemeinden, Kammern, Fremdenverkehrsvereine bzw. –verbände oder Interessensgruppen, z. B. Hoteliervereinigung."[39]

Eine Eigenheit der Tourismuspolitik, so auch in Österreich, ist eine Arbeitsaufteilung auf mehreren Ebenen. Das bedeutet, dass auf Bundes-, Landes- und Gemeindeebene Sachverhalte im tourismuspolitischen Sinne gelöst werden sollten. Trotzdem liegt die Entscheidungsmacht in Österreich bei den politischen Entscheidungsträgern auf Landesebene, diese sind die Landesregierung und der Landeshauptmann. Als Opposition dazu sind die Parteien zu nennen. Zu den Aufgaben wurde in einem Fremdenverkehrskonzept aus dem Jahr 1969 festgehalten:[40]

> „den Fremdenverkehr in Österreich so weiter zu entwickeln und zu gestalten, daß [sic] daraus die für den Fremdenverkehr mittelbar oder unmittelbar Tätigen, alle Österreicher und der Staat den bestmöglichen Nutzen haben"[41]

Die allgemeine Begrifflichkeit des bestmöglichen Nutzen ist bewusst gewählt worden, so kann eine Anpassung auf Gegebenheiten und Bedürfnisse jederzeit erfolgen. Für die Theorie findet sich bei Jörn W. Mundt eine Kategorisierung der Dimensionen der Tourismuspolitik, diese verdeutlicht die Verbindung der betreffenden Politikbereiche:

---

38  Vgl.: Schmidt (1990, S. 11)
39  Schmidt (1990, S. 11)
40  Vgl.: Schmidt (1990, S. 11)
41  Schmidt (1990, S. 11)

## Abbildung 3: Bestandteile der Tourismuspolitik

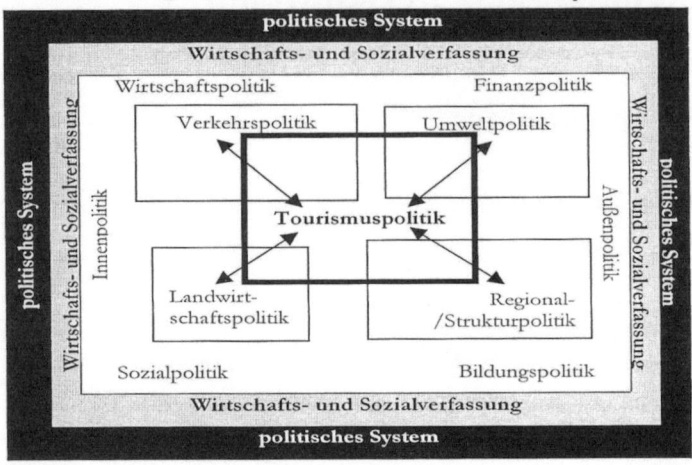

Quelle: Mundt, Jörn W. (2004). Tourismuspolitik, S. 10.

In der Abbildung 3 von Mundt ist Tourismuspolitik als Vernetzung und Verflechtung von Umwelt-, Verkehrs-, Landwirtschafts- und Strukturpolitik zu sehen. Die vier genannten Politikbereiche interagieren im Rahmen der Tourismuspolitik und stellen diese dar. Es zeigt sich, dass Tourismus generell als ein Teil der Politik gilt, wenn auch nicht in offensichtlichster und primär wahlentscheidender Form. Eine Verortung von Politikfeldern zur Tourismuspolitik lässt sich bei Mundt erkennen, für das tourismuspolitische Modell in Österreich wird eine analoge Herangehensweise in der Suche nach den politischen Dimensionen angewendet. In Ausnahmefällen wird ein tourismuspolitisch relevantes Thema bei Wahlentscheidungen einfließen, mit hoher Wahrscheinlichkeit finden diese Diskussionen nur auf kommunaler Ebene, selten auf Landesebene, statt.[42] Als Beispiel dient eine Gemeinderatswahl in Salzburg, hier hat ein Kandidat die Problematik der möglichen Flughafenschließung in Salzburg und die damit verbundenen Auswirkungen auf den Tourismus als Wahlkampfthema aufgegriffen.[43]

In der Regel sind tourismuspolitische Entscheidungen meist wenig wahrnehmbar für die Allgemeinheit der Bevölkerung. Im Vergleich dazu werden z.B. Beschlüsse im Bildungsbereich mit höherer medialer Aufmerksamkeit versehen. Dies liegt in der

---

42 Vgl.: Mundt (2004, S.10-12)
43 Vgl.: Salzburg24, Gemeinderatswahl: Berti Mielach tritt für ÖVP an (2014)

Komplexität von Tourismuspolitik, ohne Grundwissen der Materie fehlt der Bezug und das Interesse. Durch die Verflechtung und Vernetzung diverser Politikbereiche müssen auch in der Entscheidungsfindung Analysen in einem großen Umfang erstellt werden.

Erwähnenswert ist eine Unterscheidung zwischen direkter und indirekter Tourismuspolitik, die auf Krippendorf zurückgeht. Die direkte Tourismuspolitik ist als der enge Begriff der Tourismuspolitik zu verstehen. Hier werden Vorhaben und Maßnahmen von kommerziellen und einzelnen Akteuren umfasst, die überwiegend oder alleine nur mit Tourismus in Verbindung gebracht werden oder einen direkten Bezug haben. In der indirekten Tourismuspolitik kommt der indirekte Faktor der Bezugnahme auf Tourismus ins Spiel. Der Begriff steht für Handlungsweisen, die nicht primär auf Tourismus ausgerichtet sind, diesen aber nachhaltig oder unbewusst beeinflussen. Eine Veränderung zum Positiven für die Allgemeinheit sollte die tourismuspolitische Zielsetzung sein.[44]

Wenn man die Rahmenbedingungen der Tourismuspolitik weiter aufschlüsselt, dann sind fünf politische Dimensionen aufzuzählen. Diese sind die Grundsäulen der Tourismuspolitik, häufig findet man hier eine Kombination. Sowohl die Interessen als auch die Struktur der Akteure sind entscheidend für die Interaktion und Ausformung in den politischen Dimensionen. In der österreichischen Tourismuspolitik finden sich folgende fünf Ausformungen: die Wirtschaftspolitik, die Verkehrspolitik, die Sozial- und Arbeitspolitik, die Natur- und Umweltpolitik (dies schließt auch Raumordnung ein) und die Kulturpolitik mit dem gesellschaftspolitischen Moment. In diesen fünf Dimensionen liegen die Essenz und Basis der tourismuspolitischen Debatte. Einer Abstimmung mit den theoretischen Gedanken von Müller, Kramer, Krippendorf bedarf es aber noch, damit die Exaktheit der Aufteilung gegeben ist. Die nun angeführten Handlungsfelder der Tourismuspolitik werden bei den oben genannten Forschern als relevant deklariert, eine Einordnung in die fünf Dimensionen erfolgt im Anschluss.[45]

Raumordnungspolitik: Der Raum zeichnet sich durch Begrenztheit aus, daher kann von einer Knappheit der Ressource gesprochen werden. Im Zuge einer adäquaten Nutzung der Flächen sind entsprechende Konzepte zu erstellen, um eine optimale Ausbeute zu erzielen. Raumplanung dient in erster Linie dazu, dass Infrastruktur im positiven Sinne

---

44 Vgl.: Mundt (2004, S. 8-12)
45 Vgl.: Schmidt (1990, S. 12-13)

geschaffen werden kann und reale Nachhaltigkeit bietet. Es müssen auch zukünftige Generationen mit Entscheidungen leben können, diese werden auf kommunaler, landespolitischer und bundespolitischer Ebene getroffen. Wichtige Parameter sind der Erhalt von Natur und Umwelt, Verbauungen für den Katastrophenschutz, Erschließung von Pisten und Seilbahnen, richtige Positionierung von Wohnungen, Hotels, Infrastruktur, Bau von Straßen und Wegen, Energiegewinnung, indirekte Arbeitsplatzschaffung, usw.

Wohn- und Städtebaupolitik: Dabei handelt es sich um die Gestaltung der Freizeit im Wohnumfeld von Personen. Für die Tourismuspolitik an sich stellt dies also einen unerheblichen Bereich dar und kann daher vernachlässigt werden bzw. ist zum Bereich Raumordnungspolitik zu zählen.

Verkehrspolitik: Eine wichtige Aufgabe der Tourismuspolitik ist die Schaffung von Infrastruktur, um Gäste in einen Urlaubsort bringen zu können. An- und Abreisen können per Flugzeug, Eisenbahn, Schiff, Auto, Fahrrad oder zu Fuß erfolgen, dazu benötigt man eine entsprechende Infrastruktur. Mit dem Bau von Flughäfen, Eisenbahnlinien und Straßen erleichtert man die Strapazen für Gäste. Nicht außer Acht zu lassen sind aber Umwelt- und Naturschutz, Belästigung für Anrainer, Zweckgebundenheit und laufende Kosten. Spitzenzeiten, z.B. Samstage in der Hauptsaison, sollten bei der Planung berücksichtigt werden.

Wirtschafts- und Arbeitspolitik: Die Bedeutung des Tourismus für die Wirtschaft ist ein nicht unbeträchtlicher Faktor. Finanzielle Ströme fließen im Zuge von Beschäftigung und monetärer Ausgaben der Gäste. Müller, Kramer, Krippendorf sprechen dem Tourismus eine überdurchschnittliche Expansion im wirtschaftlichen Sinne zu, diese Annahme wird weiter verwendet. Im Gegensatz dazu sind die Theoretiker der Meinung, dass Beschäftigungsprobleme nicht mit Hilfe des Tourismus gelöst werden.[46] Für Österreich gilt dies allerdings eher nicht. Es wird in der Politik und der Wirtschaft häufig damit argumentiert, dass der Tourismus Arbeitsplätze schaffen kann, dies vor allem sehr kurzfristig.[47] Ein grundsätzliches Problem für Arbeitnehmer in der Tourismusbranche liegt aber in der Bereitschaft zur hohen Zeitflexibilität, d.h. eine 6-

---

46 Vgl.: Müller, Kramer, Krippendorf (1987, S. 109-113)
47 Vgl.: Statistik Austria, Erwerbstätige

Tage Woche, Nacht- und Wochenendarbeit und fehlende Kollektivverträge sind keine Seltenheit. Im schlimmsten Fall führt dies zur Ausbeutung von Arbeitskräften, daher muss die Tourismuspolitik im Bereich Arbeit ein hohes Maß an Fingerspitzengefühl aufweisen und es sollten rasch Entscheidungen getroffen werden.

Sozialpolitik: In Fragen der Sozialpolitik wird der Bereich Arbeitsplatzpolitik noch weiter verfeinert und soziale Gerechtigkeit gilt als Zielvorgabe. Neben den Arbeitsbedingungen umfasst das auch den Zugang aller Bevölkerungsschichten zu entsprechenden Begünstigungen und eine gerechte Aufteilung in Arbeit und Freizeit. Eine Integration von wenig ausgebildeten, jugendlichen und älteren Arbeitern bzw. auch berufstätigen Müttern und Menschen mit Behinderungen wird angestrebt.

Bildungspolitik: Bessere Bildung führt zu einer höheren Wahrscheinlichkeit, im Arbeitsmarkt einen guten Job zu ergattern und Aufstiegsmöglichkeiten sind gegeben. Daher soll der Zugang zu Bildung für alle Menschen zur Verfügung stehen und diese Aufgabe politisch gelöst werden.

Kulturpolitik: Neben den klassischen Aufgaben der Kulturpolitik, d.h. Schaffung von Events, Unterstützung der Museen und Theater, sind auch kulturelle Bedürfnisse im Tourismus für die Allgemeinheit abzudecken. Partiell ist Kulturpolitik auch als Bildungspolitik zu verstehen, da kulturelle Einrichtungen nicht von allen Schichten der Bevölkerung genutzt werden. Daher werden auch kommunale und regionale Kulturstätten und -events im Zuge der Kulturpolitik gefördert, z.B. die Salzburger Festspiele.

Sportpolitik: Körperliche Ertüchtigung stellt einen wichtigen Bestandteil für die Gesundheit der Bevölkerung dar. Ein wichtiger Faktor hierbei sind Sportvereine in der Kommune bzw. Landes- und Bundesebene. Entsprechende Rückendeckung von politischer Seite ist in Österreich gegeben, dies auch bei Sportevents. Veranstaltungen im sportlichen Bereich forcieren den gesellschaftlichen Umgang in der Bevölkerung. Die Beschäftigung mit Spitzenathleten führt zu einem Ansporn an sportlichen Herausforderungen in Teilen der Bevölkerung.

Tourismuspolitik: Müller, Kramer, Krippendorf fassen unter diesem Punkt den Tourismus als Querschnittsdisziplin zusammen. Die wirtschaftlichen, gesellschaftspolitischen, ökologischen, infrastrukturellen und arbeitstechnischen Bereiche werden hier angeführt. Die vorher aufgezählten Punkte sind als Ergänzung zur Tourismuspolitik zu sehen. Als Koordinierungs- und Herrschaftsinstrument werden dabei die bundespolitischen Entscheidungsträger gesehen.[48]

Eine Zusammenfassung der oben angeführten politischen Bereiche von Müller, Kramer, Krippendorf ist nun angebracht und die Einordnung in die fünf Dimensionen der österreichischen Tourismuspolitik erfolgt. Zur Dimension Wirtschaftspolitik ist der Punkt Wirtschafts- und Arbeitspolitik zu einem Teil zu zählen, die Verkehrspolitik bleibt in der gleichnamigen Dimension. Sozial- und Arbeitspolitik umfasst die Punkte Sozialpolitik und Bildungspolitik. Für die Raumordnungspolitik gilt die Einordnung in die Dimension Natur- und Umweltpolitik, auch die Wohn- und Städtebaupolitik fällt in diese Klassifizierung. In die fünfte Sphäre, Kulturpolitik und gesellschaftspolitisches Moment, gliedern sich die Kulturpolitik und Sportpolitik ein. Der Punkt Tourismuspolitik von Müller, Kramer, Krippendorf zeigt eine Ausformung analog zu allen fünf Dimensionen. Spezielle Aufgabenstellungen des Tourismus werden durch die politischen Entscheidungsträger mit Hilfe der Tourismuspolitik gelöst, diese sind vor allem die Landesregierungen und die Landeshauptleute. Die Kernkompetenzen in der Tourismuspolitik liegen bei den genannten Vertretern eine Bundeslandes. In tourismuspolitischen Diskussionen, aber nicht Entscheidungen, sind Akteure der Kommunal-, Landes- und Bundesebene eingebunden. Aufgaben, die sich im Zuge von Evaluierungen für die Tourismuspolitik ergeben, können sich folgendermaßen gestalten:

Es sollten Verlängerungen und touristische Verstärkungen der Winter- und Sommersaison umgesetzt werden. Außerdem sind infrastrukturelle Maßnahmen zu setzen, diese betreffen z.B. Ortskerne und Stadtbilder. Historisch gewachsene Zentren in Dörfern, Märkten und Städten müssen entsprechend erhalten bleiben bzw. bei Neubau sind architektonische Besonderheiten zu berücksichtigen. In Ballungsgebieten sorgen Konzentrationspläne für eine gesunde Entwicklung der Bebauung und für eine Nachhaltigkeit. Erholungs- und Sportzentren sind in einem nachhaltigen Sinne der Nutzung zuzuführen und entsprechende Regelungen mit Konsequenz zu erstellen. Für die

---

48 Vgl.: Müller, Kramer, Krippendorf (1987, S. 109-113)

Landesregierungen und den Landeshauptmann liegt es in der Natur der Sache, dass die gesetzlichen Regelungen auf ein Minimum reduziert werden. Damit kann die politische Macht und Legitimation im Sinne der politischen Akteure des Landes optimiert werden. In der Folge werden Koordinierungsaufgaben effizient gestaltet. Diese betreffen die politischen Entscheidungsträger und vereinfachen die Durchführung von Tourismuspolitik. Erst Tourismuspolitik kann sportliche Großereignisse, z. B. Olympia, WM oder Skirennen, finanziell ermöglichen und unterstützen. Das Interesse daran ist unterschiedlich, in tourismusintensiven Bundesländern wird die tourismuspolitische Arbeit eher für Großveranstaltungen empfänglich sein.

Die erwähnte politische Klassifizierung charakterisiert die Tourismuspolitik in Österreich, mit den fünf Dimensionen lassen sich die Vorgänge steuern und überblicken. Grundsätzlich gestalten sich Wirtschaft, Verkehr, Soziales und Arbeit, Natur und Umwelt und Kultur als relevant für die politische Diskussion und Umsetzung. Interessant ist der Sachverhalt der Interaktion zwischen den verschiedenen Sparten. Akteure und Institutionen versuchen, einen Sachverhalt durch spezifisches Fachwissen im interaktiven Rahmen zu lösen. Eine erste Klassifizierung der fünf Dimensionen von Tourismuspolitik wurde angestrebt, die exakte Ausdifferenzierung im Sinne der Übersetzung von Tourismus in Tourismuspolitik folgt. Wirtschaft, Verkehr, Arbeit und Soziales, Umwelt und Natur und Kultur sind das Grundgerüst für die Theorie und fungieren als Indikatoren der Tourismuspolitik.[49]

Die politische Forcierung des Tourismus stellt einen wichtigen Schritt für die wirtschaftlichen Bestrebungen des Bundes und den Arbeitsmarkt dar. Analog zu den Nachbarländern Deutschland und Schweiz findet sich auch in Österreich ein politisches Mehrebenensystem, der Föderalismus zieht sich auch durch den Bereich Tourismuspolitik. Erwähnenswert ist die weitreichende Kompetenz der Länder, im Gegensatz zu anderen politischen Feldern zeugt die Tourismuspolitik von wenig bundespolitischer Dominanz. Es werden auch hochrangige Debatten zwischen Länder- und Bundesakteuren geführt. Das bedeutet aber nicht, dass der Bund und der zuständige Minister keine richtungsweisenden und großen Entscheidungen treffen können. Indirekt kann der Bund auch einen Einfluss im tourismuspolitischen Sinn ausüben, dabei müssen jedoch die Landeskompetenzen umgangen werden. Generell kommt es zu Inputs von einer Vielzahl an Akteuren, diese

---

49  Vgl.: Schmidt (1990, S. 12-13)

können gegebenenfalls in die politische Diskussion einsteigen, aber nicht an der Entscheidungsfindung teilnehmen oder diese direkt beeinflussen. Die politischen Entscheidungsträger fassen Beschlüsse und ratifiziert entsprechende Gesetze, Rahmenbedingungen oder Spielregeln werden auf Bundes- und Landesebene erarbeitet.[50]

## 3.2 Die fünf Dimensionen der Tourismuspolitik:

Aus fünf Dimensionen besteht die Tourismuspolitik und das Verhältnis der Ausprägungen bringt Unterschiede zwischen den Bundesländern ans Licht. Stark wirtschaftlich ausgerichtete Tourismuspolitik zeigt einen hohen Fördermitteleinsatz, dies lässt sich in Bundesländern feststellen, in denen kaum Industrie vorherrscht. Urbane Gebiete und Bundesländer mit Industrialisierung können einen Fokus auf die kulturpolitische Dimension legen, dort wird die Wirtschaftsleistung marginal durch Tourismus erzielt.[51]

### 3.2.1 Wirtschaftspolitik:

Die Außenwirtschaft und Binnenwirtschaft werden durch das Konsumverhalten und Einnahmen des Tourismus gestärkt. Tourismuspolitik hat einen hohen wirtschaftlichen Bezug, dadurch erfährt die Wirtschaft in Österreich eine stetige Weiterentwicklung und der Wohlstand wird somit gesichert. In der westlichen Welt zählt Österreich zu den Ländern, die eine der höchsten Spezialisierung im touristischen Bereich aufweisen, speziell die Bundesländer Tirol, Salzburg und Kärnten gelten als die stärksten touristischen Regionen in Österreich. Daneben weisen auch die Städte Wien, Salzburg und Innsbruck eine hohe Dichte an Gästen auf. Eine Professionalisierung in der Tourismuspolitik weist, in Hinsicht auf den wirtschaftlichen Aspekt, einen sehr hohen Wert in Österreich auf.[52]

Es zeigt sich, dass durch Tourismuspolitik einen Teil der wirtschaftlichen Leistungen im Staat erbracht werden kann. Im Jahr 2013 konnte beispielsweise ein Rekordwert an Nächtigungen erzielt werden, das bedeutet 132,59 Mio. Nächte in den Beherbergungsbetrieben in Österreich. Zuvor war bereits im Jahr 2012 ein hoher Wert

---

50 Vgl.: Haas, Hoffmann, Luger (1994, S. 139-141)
51 Vgl.: Prammer (2013)
52 Vgl.: Schmidt (1990, S. 358-359)

erreicht worden, 131,02 Mio. Nächte, 2013 glänzt demnach mit einer Steigerung von 1,2%. Eine weitere Besonderheit für 2013 liegt auch im hohen Anteil an Nächtigungen durch ausländische Touristen (96,84 Mio. Nächte), nur die Jahre 1991 und 1992 zeigen hier einen höheren Wert.

### Abbildung 4: Nächtigungen in Österreich 2013

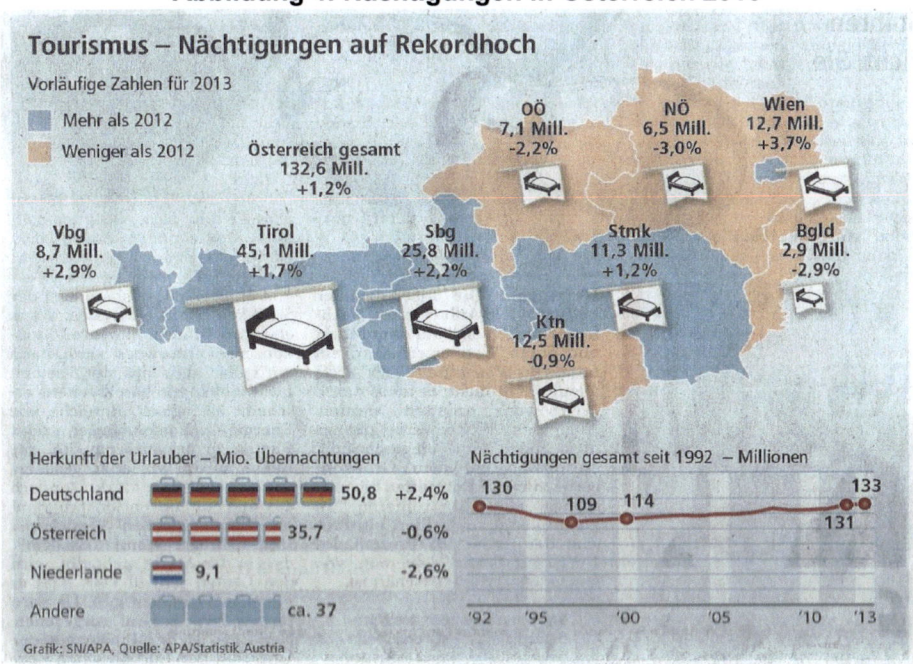

Quelle: Dasch, Maximilian. (2014). Tourismus liefert neue Rekorde, S. 13.

Zu Beginn der 1990er Jahre gab es in touristischer Hinsicht eine florierende Wirtschaftsleistung, ab Mitte der 1990er folgte ein kleinerer Einbruch und ab den 2000er Jahren konnte wieder ein Wachstum folgen. Wichtiges Detail hierbei sind die Herkunftsmärkte, der ehemals starke Markt Deutschland wird zunehmend schwächer und eine Kompensation erfolgt durch Gäste aus dem zentral- und osteuropäischen Raum. Zusätzlich ist der Anteil an Inländern und Touristen aus der Schweiz nicht unerheblich für die positiven Entwicklungen verantwortlich. Bei Gästen aus den Niederlanden gibt es aktuell eine Stagnation, rückläufig zeigen sich die Märkte Großbritannien, Frankreich und Italien. Eine Ursache im britischen Markt liegt am Rückgang der Schulskikurse, die vor wenigen Jahren noch als Standard im britischen Gästeanteil berücksichtigt werden konnten.[53]

---

53 Vgl.: Statistik Austria, Tourismus 2013, Pressemitteilung: 10.706-015/14

Nach der globalen Wirtschaftskrise und den damit verbundenen Schwierigkeiten, konnte der Tourismussektor positive Impulse in wirtschaftlichen Belangen geben. Sowohl die Wintersaison, als auch die Sommersaison geben dem Staat wirtschaftliche Stärke und sind auch als Basis für eine funktionierende und nachhaltige Arbeitsplatzsicherung zu sehen. Um diese Sicherung zu gewährleisten, benötigt man die politische Ebene, die Umsetzung erfolgt dann mit Hilfe der Unternehmen. Die Zirkulation von Finanzen, im Zuge der Nachhaltigkeit von Wirtschaft, wird durch touristische Bestrebungen und die Entscheidungsträger der Tourismuspolitik gesichert, dies zu einem nicht unbeträchtlichen Teil. Differenzieren lässt sich das Verhältnis der tourismuspolitischen Intensität der Bundesländer im Interesse. Bei einer guten Wirtschaftsleistung durch den Tourismus steigert sich das Interesse an Tourismuspolitik bei den politischen Entscheidungsträgern. Es kann in nachhaltiger Weise zur Umsetzung von Projekten kommen und damit nimmt die Abhängigkeit von Tourismus zu. Diese Vor- und Nachteile gilt es zufriedenstellend zu lösen.

Tourismuspolitik hat eine volkswirtschaftliche Ausprägung, vor allem diese erlaubt es, den Anteil zur Wirtschaftspolitik in Zahlen zu fassen. Die statistischen Daten des Tourismus-Satellitenkontos für Österreich und die Inkorporation der indirekten und direkten touristischen Effekte führen zu einem messbaren Ergebnis. Für diese Datensätze irrelevant sind jedoch Geschäftsreisen, welche nicht hinzugefügt werden. Es wird systematisch eine Ermittlung des Verhältnisses zwischen Input und Output angestrebt. Teilweise kommt es hier zu unscharfen Ergebnissen und die Interpretationsmöglichkeiten sind vielfältig. Aktuell gibt es allerdings keine andere Option in Hinsicht einer Erfassung von indirekten und direkten Tourismusfaktoren. Durch eine weitere Forcierung der Forschung im Bereich Tourismuspolitik kann es zu Verbesserungen kommen. Für das Jahr 2011 zeigt sich dieses Bild:[54]

> „Bei der Anwendung aktueller Input-Output-Multiplikatoren auf die korrigierten TSA-Ergebnisse zur Schätzung der indirekten Effekte ergaben sich für das Jahr 2011 direkte und indirekte Wertschöpfungseffekte von 22,06 Mrd. Euro. Damit belief sich der direkte und indirekte Beitrag des Tourismus zur gesamtwirtschaftlichen Bruttowertschöpfung (BIP) auf 7,3%. 2012 dürfte diese Kenngröße mit 7,4% leicht darüber liegen, für 2013 wird mit einer Stagnation gerechnet."[55]

---

54  BMWFJ(2013b, S. 10-14)
55  Statistik Austria, Tourismus-Satellitenkonto – Wertschöpfung

Der Anteil des Tourismus alleine am BIP lag für 2013 bei 7,3%. Daneben wird auch die Kenngröße des Anteils der Tourismus und Freizeitwirtschaft eruiert. Diese Zahl liegt höher, so sind Werte knapp unter 15% angesiedelt (2013 und 2012 etwa 14,8%). Die chronologischen Entwicklungen hierzu und der finanzielle Rahmen lassen sich in Abbildung 5 ablesen.[56]

**Abbildung 5: Entwicklung der Wertschöpfung im Tourismus in Euro**

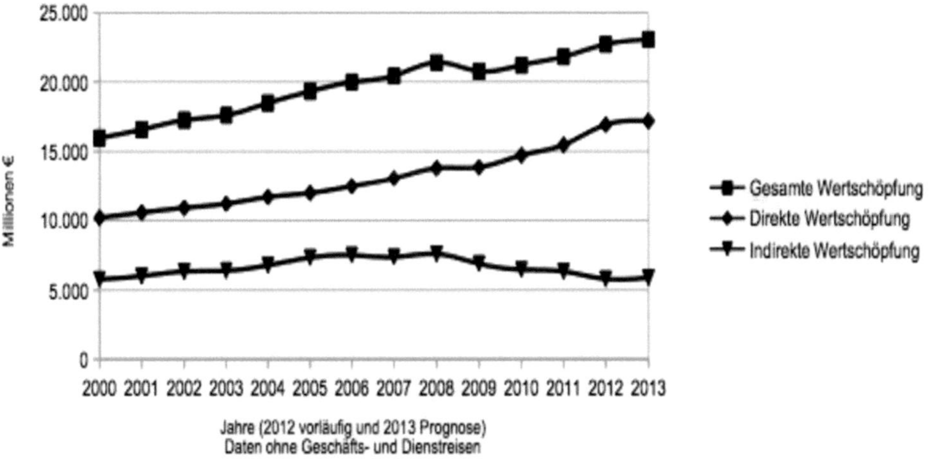

Jahre (2012 vorläufig und 2013 Prognose)
Daten ohne Geschäfts- und Dienstreisen

Quelle: Eigendarstellung, Daten von Statistik Austria: Die volkswirtschaftliche Bedeutung des Tourismus in Österreich 2000 bis 2013

Über 50% der Gästebetten finden sich in den zwei Bundesländern Tirol und Salzburg, diese erzielen auch über die Hälfte der Übernachtungen in Österreich. Einen Zuwachs an Betten gab es im Jahr 2013 in beiden Bundesländern nur geringfügig. Im Vergleich dazu wurde in Wien ein Zuwachs an Betten von 8,6% verzeichnet.[57] In wirtschaftlicher Hinsicht lassen sich die Parameter des BIP anhand der Einwohner in den Regionen ablesen. Die Werte in Tabelle 2 beziehen sich auf die gesamte Wirtschaftsleistung, es finden sich die Top 30 Regionen.

---

56 Vgl.: Statistik Austria, Die volkswirtschaftliche Bedeutung des Tourismus in Österreich 2000 bis 2013
57 Vgl.: Statistik Austria, Bestand 2012/13, Pressemitteilung: 10.696-005/14

# Tabelle 2: Bruttoregionalprodukt in Euro pro Einwohner nach Regionen

| Rang | Region | 2000 | Region | 2006 | Region | 2011 |
|---|---|---|---|---|---|---|
| 1 | Wien | 35.900 | Wien | 41.400 | Linz-Wels | 46.400 |
| 2 | Linz-Wels | 33.700 | Linz-Wels | 40.800 | Wien | 45.600 |
| 3 | Wiener Umland/Südteil | 33.200 | Salzburg und Umgebung | 39.600 | Salzburg und Umgebung | 45.400 |
| 4 | Salzburg und Umgebung | 32.200 | Wiener Umland/Südteil | 37.900 | Bludenz-Bregenzer Wald | 42.500 |
| 5 | Graz | 31.900 | Graz | 37.300 | Wiener Umland/Südteil | 41.000 |
| 6 | Innsbruck | 29.200 | Außerfern | 36.000 | Außerfern | 40.200 |
| 7 | Rheintal-Bodenseegebiet | 27.100 | Innsbruck | 35.300 | Graz | 40.000 |
| 8 | Klagenfurt-Villach | 26.500 | Bludenz-Bregenzer Wald | 34.900 | Innsbruck | 38.400 |
| 9 | Außerfern | 26.200 | Tiroler Unterland | 32.500 | Tiroler Oberland | 37.000 |
| 10 | Tiroler Unterland | 26.100 | Rheintal-Bodenseegebiet | 32.100 | Sankt Pölten | 36.900 |
| 11 | Sankt Pölten | 26.000 | Steyr-Kirchdorf | 31.400 | Rheintal-Bodenseegebiet | 36.600 |
| 12 | Tiroler Oberland | 25.800 | Sankt Pölten | 31.300 | Tiroler Unterland | 36.500 |
| 13 | Bludenz-Bregenzer Wald | 25.700 | Tiroler Oberland | 31.200 | Steyr-Kirchdorf | 35.700 |
| 14 | Steyr-Kirchdorf | 24.900 | Klagenfurt-Villach | 31.000 | Klagenfurt-Villach | 35.600 |
| 15 | Pinzgau-Pongau | 24.000 | Pinzgau-Pongau | 29.000 | Pinzgau-Pongau | 34.500 |
| 16 | Traunviertel | 22.800 | Traunviertel | 27.600 | Traunviertel | 32.000 |
| 17 | Mostviertel-Eisenwurzen | 20.000 | Östliche Obersteiermark | 27.400 | Östliche Obersteiermark | 30.500 |
| 18 | Liezen | 20.000 | Liezen | 25.000 | Innviertel | 28.900 |
| 19 | Östliche Obersteiermark | 19.300 | Mostviertel-Eisenwurzen | 23.600 | Liezen | 28.500 |
| 20 | Lungau | 19.100 | Innviertel | 23.500 | Lungau | 27.800 |
| 21 | Nordburgenland | 18.800 | Nordburgenland | 23.100 | Mostviertel-Eisenwurzen | 27.000 |
| 22 | Westliche Obersteiermark | 18.700 | Osttirol | 22.900 | Osttirol | 26.600 |
| 23 | Wiener Umland/Nordteil | 18.600 | Lungau | 22.700 | Nordburgenland | 26.000 |
| 24 | Innviertel | 18.500 | Westliche Obersteiermark | 22.600 | Wiener Umland/Nordteil | 25.900 |
| 25 | Niederösterreich-Süd | 18.400 | Unterkärnten | 22.300 | Westliche Obersteiermark | 25.800 |
| 26 | Oberkärnten | 17.800 | Niederösterreich-Süd | 22.100 | Unterkärnten | 25.700 |
| 27 | Osttirol | 17.300 | Oberkärnten | 21.900 | Niederösterreich-Süd | 25.400 |
| 28 | Oststeiermark | 16.900 | Wiener Umland/Nordteil | 21.700 | Oberkärnten | 25.000 |
| 29 | West- und Südsteiermark | 16.700 | Waldviertel | 20.500 | West- und Südsteiermark | 24.900 |
| 30 | Unterkärnten | 16.700 | West- und Südsteiermark | 20.300 | Waldviertel | 24.800 |

Quelle: Eigendarstellung, Daten von Statistik Austria: Bruttregionalprodukt (BRP), absolut und je Einwohner nach NUTS-3 Regionen, laufende Preise

Die Städte nehmen die vorderen Plätze in der Reihung ein, danach folgen die tourismusintensiven Regionen wie Tiroler Unterland, Tiroler Oberland und Pinzgau-Pongau. Strukturschwache Gebiete wie der Lungau und Osttirol könnten ohne Tourismuspolitik nicht diese Wirtschaftswerte erzielen. Es fehlt dort an wirtschaftlichen Alternativen in der Nutzung der Ressourcen. Unterschiede in der Abhängigkeit und touristischen Effizienz lassen sich eruieren.[58]

---

58  Vgl.: Huber (2011, S. 25)

## 3.2.2 Verkehr und Infrastruktur:

Der Reiseverkehr bildet die Basis des Tourismus, so wird die Reise an sich bereits als touristische Tätigkeit gewertet. Eine entsprechende Nutzung von verkehrstechnischer Infrastruktur ist somit gegeben und es wird als notwendig erachtet, diese auf einem technisch einwandfreien Stand zu halten. Betroffen sind hier die Möglichkeiten der Fortbewegung auf der Straßen, per Eisenbahn, mit dem Flugzeug und auch mit den Seilbahnen. Die Tourismuspolitik hat in diesem Rahmen Regelungen erwirkt, die einen optimalen Verkehrsfluss und Komfort für die Reise zulassen. Die Dimension Verkehr in der Tourismuspolitik nimmt aber noch weitere Aufgaben wahr. Diese liegen beispielsweise in der Möglichkeit der Reduktion und Optimierung von Verkehr. Es wird die Durchführung von diversen Maßnahmen durch die Bevölkerung oder Touristen gefordert, diese sind z.B. die Verkehrsberuhigung, Errichtung von Fußgängerzonen, Verbesserungen des Netzes im öffentlichen Verkehr (Bus, Bahn) oder die Errichtung von Parkplätzen.[59]

Es gibt in Österreich eine Anzahl an verkehrstechnischen Besonderheiten, hauptsächlich liegt dies an der geografischen Lage in den Alpen. Außerdem zählen wichtige Verbindungen zwischen Westen und Osten bzw. Norden und Süden zu den bedeutenden Transitstrecken in Europa. Beispielsweise dienen die Brenner-, Inntal- und Tauernautobahn als wichtige Nord-Süd-Routen, hauptsächlich für den Urlauber-, Transit- und Regionalverkehr. Daneben gibt es mit der Westautobahn, der Verlängerung der Inntalautobahn bis hin zur Rheintalautobahn und der Ennstalstraße ebenso Strecken im West-Ost Verlauf. Alle diese Routen zeigen ein Problemverhalten im Zuge von Verkehrsstaus, im Besonderen an Ankunfts- und Abreisetagen. Im Sinne der Tourismuspolitik, sind hier Lösungen für Probleme und Maßnahmen zur Instandhaltung und Verbesserung zu treffen. Erst die politische Diskussion schafft hier Regelungen, diese in Hinblick auf Verkehrspolitik und, in nachhaltiger Weise, auch für die Umweltthematik.[60]

Maßnahmen sollten langfristig geplant werden und bedürfen der Hilfe des Bundes, da der finanzielle Aufwand (z.B. Tunnelbau) für eine Region oder ein Bundesland nicht tragbar ist. Außerdem spielen hier die Kompetenzbereiche für die Straßenerhaltung eine Rolle, so ist die Instandhaltung von Bundesstraßen auch eine Bundesaufgabe, die Instandhaltung von

---

59  Vgl.: Schnürrer (2006, S. 2-6)
60  Vgl.: Haas, Hoffmann, Luger (1994, S. 200-201)

Landesstraßen fällt in die Kompetenz der Länder. Tourismuspolitische Verbesserungen im Verkehr und der Infrastruktur umfassen grundsätzlich folgende Themen: Optimierung des Verkehrsnetzes, speziell durch den Ausbau des Eisenbahnnetzes zu High-Speed-Strecken, Steigerung der Flugfrequenz von global relevanten Flughäfen, zukünftige Sensibilisierung in der Koordination zwischen unterschiedlichen Verkehrsmitteln, Verbesserung in Bereichen der Kommunikation und Durchführung von Sportveranstaltungen und Großevents.[61]

## 3.2.3 Sozial- und Arbeitspolitik:

In Österreich lässt sich eine Prägung durch den Tourismus am Arbeitsmarkt feststellen. Mit der Professionalisierung des Tourismus nach dem 2. Weltkrieg und dem Ausbau des Wintertourismus ab den 1950er und 1960er Jahren kam es zu einem erhöhten Bedarf an Arbeitskräften. Dies nicht nur in den Städten, sondern auch in den ländlichen Gebieten setzte ein touristisches Beschäftigungsangebot ein. Die politischen Entscheidungsträger lassen die Dimension Arbeit und Soziales in die Tourismuspolitik einfließen, kurzfristig können mit Hilfe des Tourismus Arbeitsplätze geschaffen werden. Vor allem in Bundesländern mit wenig Industrialisierung spielen Arbeitsplätze im Tourismus eine wichtige Rolle. Dadurch unterscheiden sich das Interesse der tourismuspolitischen Arbeitsplatzgestaltung zwischen den Bundesländern. Im Jahr 2013 sind ca. 12% der unselbstständig Beschäftigten der Branche Tourismus und Freizeitwirtschaft zuzuordnen.

---

61 Vgl.: Huber (2004, S. 23)

# Abbildung 6: Unselbstständig Beschäftigte nach Branchen (2013)

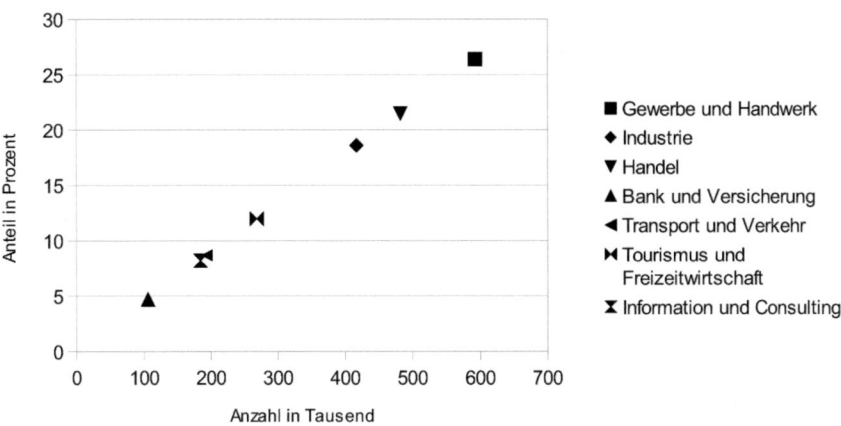

Quelle: Eigendarstellung, Daten von WKÖ: Unternehmen und Beschäftigte nach Sparte

Der landwirtschaftliche Bereich wurde in diesem Zusammenhang als Erwerbs- und Arbeitsplatz zurückgedrängt. Gründe hierfür liegen in existenziellen, historischen und praktischen Entwicklungen. Existenziell und praktisch bietet der Tourismus der Bevölkerung eine Möglichkeit, den Lebensunterhalt zu bestreiten oder zu verbessern. Durch die Landwirtschaft alleine kann dies nur schwer erwirtschaftet werden. Die nachhaltige Zunahme der Touristenströme war für die Entwicklung förderlich, so sind das Bauernsterben und die stetige Verbesserung der Beherbergungsbetriebe auf den erhöhten Bedarf zurückzuführen. Mit diesen Entwicklungen steigt die Abhängigkeit von Tourismus, trotzdem muss der Landschaftserhalt gegeben sein. Der Natur- und Umweltschutz zählt in diesem Fall als zukünftiges Potenzial für die tourismuspolitischen Entscheidungsträger. Eine wichtiges Element zur tourismuspolitischen Steuerung ist dabei das Förderwesen.

Im Verlauf der Professionalisierung des Tourismus wurde auch der Grad der Ausbeutung von Arbeitnehmern angehoben. Grundlegende Probleme sind in den Bereichen der geregelten Arbeitszeiten, Arbeitnehmerrecht, Überstundenbehandlung und auch Anforderungen im Beruf zu sehen. Belastungen durch den Tourismus führen im schlimmsten Fall zu realen persönlichen Problemen der Arbeitnehmer, nicht selten wird versucht, mit Tabletten, Nikotin und Alkohol einen Ausgleich zu schaffen. Zusätzlich kommt es mitunter zu Unzufriedenheiten in Hinsicht der Bezahlung der Arbeit, vor allem im Verhältnis zu den Arbeitszeiten. Das Bruttogehalt in der Gastronomie liegt im ländlichen Bereich verhältnismäßig niedrig und zusätzlich wird Wochenend- und Nachtarbeit gefordert. Für die politischen Entscheidungsträger bieten diese Probleme einen großen Ansatzpunkt in der Tourismuspolitik. Neben den Akteuren der Landespolitik sind hier die Kammern (WK und AK) wichtige Partner in der Diskussion und in der Vorbereitungsphase von Entscheidungen. Die Tourismuspolitik muss hier den Grad an hoher Wirtschaftlichkeit und gerechten Arbeitsbedingungen bestimmen. Eine Ambivalenz wird ausgeglichen und optimiert. Politische Faktoren, wie z.B. die Abhängigkeit vom Tourismus und Fördermittelverteilung, beeinflussen die Tourismuspolitik.[62]

In der Tourismuspolitik werden Lösungen im Sinne der Rechte der Arbeitnehmer und Forderungen der Wirtschaft gesucht. Verbesserungen in touristischen Berufen können durch folgende Sachverhalte erzielt werden: Verstärkte Schwerpunktsetzung in der Ausbildung im Tourismus, zusätzliche Aufwertung der touristischen Berufe, Kooperation zwischen politischer Ebene und den Kammern, Gründung von Betriebsräten und im Härtefall sind Streiks ein wichtiges Instrument. Wenn der Grad an Industrialisierung in einem Bundesland nur marginal gegeben ist, dann greift die Tourismuspolitik in der Dimension Arbeit und Soziales wie beschrieben ein.[63]

## 3.2.3.1 Bildung im tourismuspolitischen Zusammenhang:

Bildung stellt einen öffentlichen Faktor in der Wahrnehmung der Österreicher dar, auch im Bereich des Tourismus wurden Verbesserungen in den letzten 20 Jahren durchgeführt. Um Nachhaltigkeit in der Dimension Sozial- und Arbeitspolitik zu erzielen, bedarf es entsprechender Forderungen in der Bildung und deren Umsetzung:

Ein Strukturwandel sollte zur adäquaten Grundausbildung und zu einer ständigen Weiterbildung führen. Für Arbeitnehmer ist eine Steigerung des Verdienstes wichtig und das individuelle Potenzial sollte genutzt werden. Das Risiko der Langzeitarbeitslosigkeit sollte mit guter Bildung minimiert werden, Hartz IV in Deutschland gilt als schwaches Modell und der Sozialstaat in Österreich möchte keine analoge Form des deutschen Arbeitslosengeldes.

---

62  Vgl.: Haas, Hoffmann, Luger (1994, S. 205)
63  Vgl.: Huber (2004, S. 21)

Die politischen Entscheidungsträger in Österreich versuchen das Bildungspotenzial zu nutzen, dies nicht nur über Universitäten, Fachhochschulen und Tourismusschulen (z.B. Krems, Bad Vöslau, Wien, Innsbruck, Salzburg,...), sondern auch über Lehrberufe, eine Interaktion zwischen Tourismus und Arbeitswelt zu schaffen.[64] Tourismuspolitik setzt also im Bereich Bildung an, dies sollte am Arbeitsmarkt in wirtschaftlich schwierigen Zeiten kurzfristige Stellenbesetzungen ermöglichen. Das Interesse an Tourismuspolitik wird erhöht. Vor allem in den westlichen Bundesländern bietet die Ausbildung im Tourismus eine Bereicherung und Möglichkeit der beruflichen Entwicklung. Allerdings führt nur ein hoher Ausbildungsgrad zu einer qualitativ hochwertigen Arbeitsstelle. Im internationalen Vergleich kann die Professionalisierung der Branche als Vorteil gesehen werden, so sind die Anzahl der Nächtigungen und Ankünfte in Österreich nach wie vor stabil bis leicht steigend ausgesetzt. Von den politischen Entscheidungsträgern werden Untersuchungen durch Bildungseinrichtungen unterstützt. Analog dazu sind Erhebungen in einzelnen Regionen bei politischem Interesse gefördert. Der Bildungsbereich kann für die politischen Entscheidungsträger als Informationsstelle für Input und Outcome genutzt werden.

In der Lehrlingsausbildung und dem Facharbeiterbereich werden die Stufen der Ausbildungen fortwährend analysiert und gegebenenfalls optimiert, eine hohe Produktwertigkeit gilt als qualitatives Ziel. Ein optimaler Fluss der Informationen zwischen Politik, Unternehmen und Lehrlingen wird angestrebt, von politischer Seite gibt es auch Förderungen für Auszubildende und Unternehmer. So wird die Attraktivität bei Lehrberufen erhöht. Vor der beruflichen Entscheidung in den Tourismus einzusteigen, egal ob als Lehrling oder Fachschüler, sollte die Thematik über Lehrpläne in Schulen abgearbeitet werden. Profunde Mittel hierbei sind Betriebsbesichtigungen und entsprechende Entwicklungen der individuellen Begabungen. Der kooperative Charakter zwischen Tourismus und schulischer Laufbahn führt zu Vorteilen in der Entwicklung des Individuums und nachhaltigem Nutzen für den Arbeitsmarkt. Wichtig bleibt eine Vernetzung von Kommunikation und Information. Dies bildet die Basis für eine hohe Wirtschaftlichkeit und einen starken Arbeitsmarkt. Das bedeutet eine nachhaltige Verbesserung des Lebensstandards in einzelnen Regionen und daraus resultierend im Staat. Ressourcen zu nutzen ist eine Präambel, daher gilt der Bereich Bildung als Teil der Dimension Sozial- und Arbeitspolitik innerhalb der Tourismuspolitik.[65]

---

64 Vgl.: BMWFJ (2010c, S. 60-62)
65 Vgl.: Huber (2004, S. 20-21)

## 3.2.3.2 Gesundheitswesen:

Als weiterer Bestandteil der Dimension Sozial- und Arbeitspolitik wird auch das Gesundheitswesen behandelt und spannt den Bogen von der klassischen Krankenversicherung bis hin zur medizinischen Versorgung durch Rettungsdienste, Hilfsorganisationen und Krankenhäusern. Eine große Anzahl an Gästen besucht Österreich in den typischen Saisonzeiten im Sommer oder im Winter, dabei gehört sportliche Ertüchtigung und das Kurwesen zum touristischen Alltag. In den warmen Sommermonaten erfreuen sich Touristen hauptsächlich an Tätigkeiten wie Wandern, Radfahren und Schwimmen. Im Vergleich dazu, werden in der Wintersaison die alpinen und nordischen Sportvarianten ausgeübt (also Skifahren, Snowboarden und Langlaufen).

Ein Nebeneffekt des Sports liegt im Verletzungsrisiko; für eine adäquate Behandlung bei einem Unfall benötigt man daher entsprechende Infrastruktur und geschultes Personal. Freiwillige und berufliche Rettungsdienste, Fachpersonal in Krankenhäusern und die benötige Infrastruktur sind ebenso ein Bestandteil der Tourismuspolitik. Vor allem der Kostenfaktor spielt für die politischen Entscheidungsträger eine Rolle, so sind beispielsweise private und staatliche Flugretter im Einsatz. Regelmäßig finden hier Diskussionen statt, die tourismuspolitischen Entscheider auf Landesebene sind dabei gefordert. Themen in der Diskussion sind hierbei die räumliche Abdeckung der medizinischen Versorgung (Schwerpunktkrankenhäuser) und die effiziente Aufteilung der Kräfte in den Regionen (beim Flugrettungsdienst). Die Gewährleistung der medizinischen Versorgung muss vorliegen, dies auch in Hochsaisonzeiten (z.B. Weihnachtsferien) mit extremer Auslastung in den entsprechenden Gebieten. Tourismusintensive Regionen haben hierbei einen höheren Bedarf an tourismuspolitischen Diskussionen und Entscheidungen. Die Gesundheitsversorgung spielt bei einem erhöhten Gästeaufkommen auch eine tourismuspolitische Rolle.[66]

---

66 Vgl.: Raos (2010, S. 11)

46

## 3.2.4 Natur- und Umweltpolitik:

Durch die touristischen Erschließungen im Umwelt- und Naturraum Österreichs wurden schwerwiegende Eingriffe in der Landschaft vorgenommen. In den letzten Jahrzehnten kam es zu einer Sensibilisierung und der Schaffung eines Umweltbewusstseins. Die kritische Auseinandersetzung spielt eine wichtige Rolle in der Tourismus und wird in der Tourismuspolitik beleuchtet. Der Erhalt der landschaftlichen Ursprünglichkeit, aber auch die Möglichkeiten der Erschließung sind Felder in der Tourismuspolitik, dies in einem ambivalenten Verhältnis zueinander. Dabei spielen das Interesse an Tourismuspolitik und die kritische Auseinandersetzung mit dem zukünftigen Potenzial eine Rolle für die Entscheidungsträger. Als schwierige Unterfangen gelten derzeit der Seilbahn-, Bahn- und Straßenbau, da es viele ökologische Bedenken geben kann, wenn die Errichtung einer verkehrstechnischen oder touristischen Infrastruktur nicht im geregelten Rahmen abläuft. Historisch gesehen gab es eine große Anzahl an negativen Beispielen. Meist wurde die Erschließung eines Gebietes fehlerhaft oder wenig durchdacht. Es herrscht der Trend vor, dass versucht wird, ein Gleichgewicht zwischen Nutzen für den Tourismus und Bewahrung der Natur herzustellen. Aus Fehlentwicklungen der Vergangenheit sind die Lehren gezogen worden. Fehler im ökologischen Bereich wirken sich auf die landschaftlichen Gegebenheiten aus und stören zudem die Harmonie in der Gesellschaft (starker Kontrast zwischen Befürwortern und Gegnern). Die schlimmste Form der Revanche der selbst verschuldeten Schädigung beruht aber auf Naturkatastrophen, hierbei kommt es zu nachhaltigen Auswirkungen auf Ökologie, Wirtschaft und Gesellschaft. In Salzburg wurde beispielsweise die ökologische Problematik im Jahr 1974 in die politische Diskussion aufgenommen, Landesrat Walter forderte zu diesem Zeitpunkt ein aktives Gegensteuern im Bereich Umwelt und Naturschutz.[67]

Mitte der 1970er Jahre begann in Österreich die „grüne" Bewegung. Damit wurde das Bewusstsein für die ökologischen Belange geschärft. Das bedeutet, dass die Erkennung der Grenzen im Zusammenhang mit den touristischen Vorhaben erfolgte. Ab diesem Zeitpunkt wurde ein höherer Fokus auf die Erhaltung der Natur gelegt. Die ungleichmäßige Verteilung der Belastungen durch die Saisonzeiten führt zu unterschiedlichen Formen der Umweltschädigungen. In den Sommermonaten, vor allem in der Hauptsaisonzeit Juli und August, findet der Urlauber den Ausgleich bei Wanderungen, Radtouren und beim

---

67 Vgl.: Schmidt (1990, S. 390-400)

Schwimmen. Das bedeutet, dass es bei der An- und Abreise zu einer höheren Umweltbelastung entlang der Hauptverkehrsrouten und in den Urlaubsregionen kommt. Zusätzlich steigen die Belastungen durch den Tourismus in den Seen und Gewässern, auf den Bergen und in den Städten. Hauptprobleme sind hierbei das erhöhte Müllaufkommen, die ökologischen Verschmutzungen durch Massentourismus und die Störungen von Flora und Fauna durch Nichteinhaltung der Grenzen von Natur und Umwelt. Der Winter hat als intensivste Zeit der Touristenströme die Weihnachtsferien, den gesamten Februar und Ostern. Beeinträchtigungen der Natur treten jedoch über die komplette Jahreszeit auf, da es zu fortlaufenden Eingriffen in die Ökologie kommt. Hauptursachen sind hier die mechanische Beschneiung, die Präparierung der Pisten durch entsprechendes Gerät, eine hohe Lärmbelästigung durch Maschinen und Verkehr, Entsorgungsproblematik in der Gastronomie und generelle Verkehrsbelastungen (Autos und auch Salzstreuung). Hohe Abgaswerte erzielt man an den Wochenenden, der Urlauberwechsel führt zu zahlreichen Engpässen in den Destinationen und auf den Hauptreiserouten. Als typische Regionen und Orte mit ökologischen Problemen im Winter gelten beispielsweise St. Anton am Arlberg, Ischgl, Sölden (alle Tirol), Obertauern, Saalbach Hinterglemm (beide Salzburg), Schladming (Steiermark) und der Katschberg (Kärnten).[68]

Für die tourismuspolitischen Entscheidungen sind die Probleme mit Skipisten und die verstärkte Belastung durch die Abgase des Urlauberverkehrs stets präsent. Eine allgemeine Lösung für die Reduktion der Belastungen durch den Autoverkehr wurde bis dato nicht gefunden, vereinzelt gibt es jedoch Orte mit einem Fahrverbot für den Individualverkehr. Als Beispiele dienen Serfaus in Tirol, dort wurde in den 1980er Jahren eine U-Bahn durch den Ort errichtet, oder Orte wie Werfenweng, die einen nachhaltigen Abbau mit Hilfe der „Sanften Mobilität" forcieren.[69] Dabei wird eine Verkehrsberuhigung mit elektrischen Verkehrsmitteln und Seilbahnen erzielt. Es müssen zukünftig weitere Möglichkeiten zur Reduktion der Umweltbelastungen in die Tourismuspolitik einfließen. Das Interesse an Tourismuspolitik schließt auch eine kritischen Umgang mit der Thematik Ökologie voraus. Ansonsten kann das zukünftige Potenzial sich nicht in einer nachhaltigen

---

68 Vgl.: Schmidt (1990, S. 392-396)
69 **Serfaus/Tirol:** Hier parken die ankommenden Gäste das Auto am Ortsanfang. Für den innerörtlichen Verkehr ist eine U-Bahn eingesetzt. Sie garantiert zusammen mit dem VERKEHRS-BERUHIGUNGS-KONZEPT MODELL SERFAUS ein hohes Maß an Urlaubs- und Lebensqualität. Vier Bahnhöfe bieten allen Serfauser Gästen günstige Einstiegsmöglichkeiten. Die zum Nulltarif verkehrende "Dorfbahn" fährt nicht auf Rädern und in einem Gleis, sondern schwebt auf einem Luftfilm von 1 mm über der Fahrbahn - geräuschlos und vibrationsfrei! Vgl.: Tourismus und Nachhaltigkeit

Form entwickeln. Die Kritik führt zu einer besseren ökologischen Lebensweise in den Alpen. Es konnten in den vergangenen 30 bis 40 Jahren vereinzelt bereits Erfolge verbucht werden; eine noch effizientere Ausführung von Vorhaben im Tourismus sollte aber noch erfolgen. Folgende Ziele lassen sich festhalten:[70] Tourismus kann nur in einer intakten Umwelt und Natur in nachhaltiger Weise funktionieren, sie gelten als das Kapital für die Gäste. In den Regionen gibt es eine Vernetzung und Abhängigkeit zwischen Natur, Wirtschaft und Gesellschaft. Diese sollte keine Einseitigkeit erfahren. Im soziokulturellen Sinne erfolgt die Imagebildung durch die Dynamik und Einstellungen der einheimischen Bevölkerung. Durch schwere landschaftliche Vergehen kann es zu Störungen im soziokulturellen Gefüge kommen. Bei Bedarf und bei landschaftlichem Raubbau müssen Strategien für das Umweltmanagement geschaffen werden. Tourismuspolitik sollte informieren und die Kommunikation für/mit alle/n Menschen ermöglichen. Zusätzlich sollte die Tourismuspolitik als Machtinstrument im positiven Sinne genutzt werden und die touristischen Belange und Vorgehensweisen koordinieren.[71]

Ein Teilbereich der Natur- und Umweltpolitik ist die Raumordnung. In der Rechtssammlung des ÖROK finden sich die rechtlichen Parameter und Kompetenzen dafür. In der Raumordnung spricht man von einer Querschnittsmaterie, die Kompetenzen rechtlicher Natur liegen bei den Ländern. Diese Kompetenzen sind in der Landesgesetzgebung festgeschrieben. Es erfolgen zusätzlich Planungen auf Gemeinde- und Bundesebene, diese können die Landesebene in Sachen Kompetenz kreuzen. Durch Auslegung der Sachverhalte und Umgehung der Landesgesetze können also auch die Gemeinde- und Bundesebene einen Einfluss in der Raumordnung ausüben.[72]

## 3.2.5 Kulturelle und gesellschaftspolitische Bedeutung:

Österreich zeigt eine hohe Professionalität als Tourismusregion im internationalen Vergleich und kann auf kulturelle interessante Persönlichkeiten, Sehenswürdigkeiten und Veranstaltungen verweisen. In den Städten Wien, Bregenz, Salzburg, usw. ist dieser Faktor wichtig und bildet einen wichtigen Bestandteil der Tourismuspolitik. Die tourismuspolitischen Entscheidungsträger möchten im Sinne der Wirtschaftlichkeit die

---

70 Vgl.: Schmidt (1990, S. 392-396)
71 Vgl.: Haas, Hoffmann, Luger (1994)
72 Vgl.: ÖROK, ÖROK-Rechtssammlung zur Raumordnung

kulturellen Gegebenheiten und Infrastruktur nutzen. Fixpunkte des kulturellen Veranstaltungsangebots sind die Salzburger Festspiele, das Neujahrskonzert, die Bregenzer Festspiele, die Diagonale, usw. Daneben zählen kulturelle Einrichtungen wie Museen und historische Bauten zu beliebten Ausflugszielen.

Die Top Ten nach Besucherzahlen für 2012 reihen sich wie folgt:

1. Schloss Schönbrunn (Wien)
2. Tiergarten Schönbrunn (Wien)
3. Mariazell als Wallfahrtsort (Steiermark)
4. Hundertwasser Haus (Wien)
5. Österreichische Galerie Belvedere (Wien)
6. Festung Hohensalzburg (Salzburg)
7. Grazer Schlossberg (Steiermark)
8. Großglockner Hochalpenstraße (Kärnten und Salzburg)
9. Swarovski Kristallwelten (Tirol)
10. Hofburg mit diversen Einrichtungen (Wien)[73]

Neben den institutionellen Sehenswürdigkeiten gibt es zudem noch weitere Formen des kulturellen Erlebens. Eine Vielzahl an Touren sowie Merchandising mit Bezug zu Österreich wird geboten, aber auch musikalische Abwechslung findet statt, so können folgende Aspekte der kulturellen Gegebenheiten gelistet werden:

Klassische Musik in allen Facetten: Opern, Sinfonien, Operetten, Konzerte, Walzer, usw. Daneben wird Volksmusik im Sinne eines Kulturgutes betrieben und vermarktet, damit sind z.B. Sound of Music und diverse Adventsingen gemeint. Einen großen Bereich in tourismuspolitischen Diskussionen und Entscheidungen nehmen die Salzburger Festspiele und Kulturveranstaltungen mit Mehrtagescharakter ein. Hier werden große finanzielle Beträge erwirtschaftet und ausgegeben, das Interesse der politischen Entscheidungsträger begründet sich durch die wirtschaftlichen Vorteile. Kulturell bietet Österreich zudem Wanderausstellungen und -theater, moderne Großveranstaltungen wie z.B. das Donauinselfest, das Frequency Festival und das Nova Rock Festival. Zusätzlich finden Lesungen und Kabaretts Niederschlag in

---

73 Vgl.: ÖW, Besucherzahlen von Sehenswürdigkeiten 2012

tourismuspolitischen Entscheidungen und runden das touristische Angebot ab. Der Nutzen steht in der kulturellen Dimension der Tourismuspolitik in einem positiven Verhältnis zum Aufwand. Tourismuspolitische Entscheidungsträger haben daher ein großes Interesse an Projekten, die bestehende kulturelle Infrastruktur einbinden und finanzielle Vorteile bringen.

Es finden sich in der kulturpolitischen Dimension aber auch problematische Sachverhalte. Die politischen Entscheidungsträger sind hier in der Lösungsfindung meist als primärer Akteur im Geschehen dabei. Vor allem die finanziellen Aufwendungen werden von den politisch Zuständigen gesteuert, um die Probleme zu minimieren. Zu problematischen Sachverhalten zählen das Fehlen von Kulturstätten im Sinne von Themenparks in Österreich und Terminabsprachen mit räumlicher Koordination bei Veranstaltungen, dies betrifft Bundesländer und Bund. Außerdem ist eine Steigerung des generellen Angebots und die Vermarktung von Kultur erwünscht, auch die regionale Kombination von kulturellen Gebäuden, Geschichte und Veranstaltungen soll weiter forciert werden. Die Auslegung des Kulturangebots auf den Ganzjahrestourismus findet noch nicht statt, speziell im Winter nimmt es ab. Einzige Ausnahme hierbei ist Wien. Als finales Problem gilt, dass diverse Sehenswürdigkeiten unterrepräsentiert sind. Sie können und sollten eine Aufwertung mit Hilfe der Tourismuspolitik erfahren. Im Verlauf der vergangenen Jahre wurden bereits erste Erfolge erzielt.[74]

Aber nicht nur die Auseinandersetzung mit historischer Infrastruktur, Veranstaltungen und Persönlichkeiten bedeutet Kultur, sondern es beinhaltet auch das gesellschaftspolitische Moment der Bevölkerung. Die Dimension Kulturpolitik hat demnach zwei Bedeutungen: Auf der einen Seite versteht man darunter die kulturelle Lebenswelt und auf der anderen Seite die Auseinandersetzung mit der gesellschaftlichen Umwelt. Gerne möchten auch Gäste diese Bereiche erkunden und an Kultur und dem gesellschaftlichen Leben teilnehmen. Das Erleben steht im Vordergrund. Neben kollektiven Erlebnissen stehen auch individuelle Erfahrungen im Interesse der Gäste. Das bedeutet, dass sich die Ambivalenz zwischen Quantität und Qualität im kulturellen Spannungsfeld niederschlägt. Einfacher gesprochen: Es sollte zu einem Mix aus Tradition und Erlebnissen im Urlaub kommen. Kultur/Gesellschaft im

---

74 Vgl.: Smeral (1994, S.97-98)

qualitativen und quantitativen Sinn bilden die Basis der Attraktivität einer touristischen Destination oder Region. Die beeinflusst tourismuspolitisch die Umsetzung von Vorhaben. Eine Gesellschaft, die dem Tourismus gegenüber positiv eingestellt ist, erleichtert den Entscheidungsträgern die Umsetzung.[75]

Es ist eine Notwendigkeit, dass durch tourismuspolitische Regelungen ein kulturelles und gesellschaftliches Klima im positiven Sinne für Einheimische und Gäste erhalten wird. Einerseits kann die österreichische Bevölkerung mit den Vorteilen, andererseits muss sie mit den negativen Begleitmaßnahmen interagieren. Wichtig ist der identitätsstiftende Charakter der Kultur- und Gesellschaftspolitik. Die soziale Umwelt richtet sich im Alltag darauf aus, als Beispiel der kulturell/gesellschaftlichen Interaktion dient das Vereinswesen. Die einheimische Bevölkerung benötigt dazu Vereine des Brauchtums und des Sports, innerhalb dieser kann die Kommunikation gestärkt werden.[76]

Für die Einheimischen sind das Bewahren des Brauchtums, der kulturellen Eigenheiten und der Gebäude äußerst wichtig. Dahinter steckt ein identitätsstiftender Charakter, der sich positiv für die Mentalität und die Außenwirkung gegenüber Gästen auswirkt. Es kommt zu einer Verwurzelung in den regionalen und örtlichen Gegebenheiten und Festigung der Gesellschaft. Dabei sind aber auch die äußeren Einflüsse von Bedeutung. Diese finden Eingang in Form eines organischen Sozialprozesses. Die Interaktion ist dem Tourismus dienlich und gilt auch als einer der Wesenszüge der Materie.[77] Ein weiterer Vorteil des Bereiches Kultur/Gesellschaft ist die Verbesserung der infrastrukturellen Einrichtungen, durch die Einnahmen aus dem Tourismus kommt es zu erhöhter Bautätigkeit. Im Rahmen der Tourismuspolitik versuchen die Akteure auf allen Ebenen einen gesellschaftlich positiven Bereich zu gestalten, die Entscheidungsträger im Land und im Bund lassen sich in den Entscheidungen davon beeinflussen.

Es können jedoch auch negative Effekte durch den Tourismus auftreten, diese sind von den politisch Handelnden zu verbessern. Eine Steigerung des Preisniveaus in Orten und Städten geht mit dem Tourismus einher, vor allem in der Gastronomie wirkt sich

---

75 Vgl.: Huber (2004, S. 24)
76 Vgl.: Haas, Hoffmann, Luger (1994, S. 165)
77 Vgl.: Schmidt (1990, S.12-13)

das aus. Das Verhältnis zwischen Angebot und Nachfrage verschiebt sich in den Hauptsaisonzeiten zu Gunsten der Nachfrage, daher werden die Preisgestaltungen nach oben gedrückt. Für die Bevölkerung, die in solchen Tourismusgebieten wohnt, sind die hohen Kostenniveaus nachteilig, da die Löhne und Gehälter nicht verhältnismäßig höher liegen. Ein weiterer negativer Aspekt findet sich in der Problematik der Landflucht. Es kommt zur Abwanderung, da die beruflichen Chancen in den ländlichen Gebieten oft eingeschränkt sind und das Preisniveau hoch angesiedelt ist. Stark betroffen ist hierbei die junge Bevölkerung unter 30 Jahren. Mit Anreizen versuchen die politischen Entscheidungsträger hier Abhilfe zu schaffen, neben dem Bund und den Ländern sind auch die kommunalen Akteure zu nennen. Gerne werden kleine Vergünstigungen und Zuschüsse bei Errichtung des Eigenheims gegeben, diese liegen im autonomen Wirkungsbereich der Kommunen. Generelle Gefahren liegen in der Überalterung der ländlichen Bevölkerung und der gesellschaftlichen Entfremdung. Diese tritt ein, wenn Arbeitnehmer aus anderen Kulturkreisen benötigt werden und ein Wandel in der Identitätsfindung vollzogen wird. Dies führt zu einem dritten Problem, es kann durch Migrationsströme und durch Änderungen der Touristenströme zu kulturellen Spannungen kommen.[78] Kennzeichen dieses Bereiches ist die Sensibilität, die von Seite der politischen Entscheider aufgebracht werden muss, so kommt es aktuell beispielsweise zu Diskussionen über Asylantenheime in Tourismusorten. In Unken, gelegen im Salzburger Pinzgau, kam es in dieser Thematik zu einem Eklat zwischen Einheimischen und Vertretern der Landesregierung.[79]

Ein letzter negativer Moment liegt in der Überschuldung von Betrieben durch zu hohe Investitionen. Hauptgründe sind der Leistungsdruck in der Hotellerie und Gastronomie, der Konkurrenzgedanke zwischen Betrieben und Regionen, aber auch die Standards und Auflagen haben sich im Verlauf der Jahre drastisch erhöht. Im Bereich der 4 und 5 Sterne Hotels werden heute Wellnessbereiche und luxuriöse Ausstattungen erwartet. Die Überzeugungsarbeit für die Preisgestaltung fällt dabei nicht leicht, sprich der Gast lässt sich schwer von den qualitativen Gegebenheiten überzeugen und blickt zunächst auf die Preisgestaltung. Die tourismuspolitischen Entscheidungsträger sind hier gefordert, die Abhängigkeit vom Tourismus und das zukünftige Potenzial müssen im positiven Sinne berücksichtigt werden. Es ist wichtig in der Tourismuspolitik, dass es eine Strategie zu den

---

78 Vgl.: Ebner, Klambauer, Steindl (1985, S. 137)
79 Vgl.: ORF.at Salzburg, Asyl: Landesrätin heftig kritisiert (2014)

zukünftigen Entwicklungen gibt. Fehlentwicklungen bei der Errichtung von touristischer Infrastruktur führen zu gesellschaftspolitischen Spannungen, daher muss das zukünftige Potenzial tourismuspolitisch bearbeitet und weitergegeben werden.[80]

## 3.2.6 Zusammenfassung der fünf Dimensionen

Die politischen Entscheidungsträger haben die Aufgabe den Tourismus in ihre Arbeit zu übersetzen, entsprechend der Kompetenzen sollte dies passieren. In der Formulierung von Tourismusgesetzen wird dies rechtlich für die Akteure und die Bevölkerung manifestiert. Mit Hilfe der Tourismusgesetze können die Landesregierungen und die Landeshauptleute in den Bundesländern entsprechend handeln. Die Aktionen im Rahmen der Tourismusgesetze sind als Tourismuspolitik zu klassifizieren. Durch die Tourismuspolitik wird eine nachhaltige, koordinierte, professionelle und wirtschaftliche Form des Tourismus erst möglich. Ohne tourismuspolitische Arbeit würden die positiven Faktoren des Reisens nicht wirken.

In fünf Dimensionen kann die Tourismuspolitik gespalten werden, darunter versteht man fünf Bereiche, die politisch allgemein verständlich sind. Die Dimensionen in Wirtschaftspolitik, Arbeits- und Sozialpolitik, Verkehrspolitik, Natur- und Umweltpolitik und Kulturpolitik gegliedert. Tourismuspolitische Sachverhalte zeigen eine Tendenz in eine oder mehrere der fünf Dimensionen zu fallen. Damit lässt sich eine Kategorisierung bei der Behandlung von tourismuspolitischen Problemen vornehmen. Die Bundesländer unterscheiden sich in der Tourismuspolitik, da sie unterschiedliche Erwartungen im Tourismus haben. Die fünf Dimensionen geben eine Aufschluss über die Art der Tourismuspolitik und zeigen den gesamtpolitischen Kontext auf.[81]

Die sechs Erklärungen bzw. Annahmen sind für die Umsetzung von Tourismuspolitik essentiell: Interesse an Tourismuspolitik, Grad der Industrialisierung, Abhängigkeit von Tourismus, Stärkung strukturschwacher Regionen, Zukünftiges Potenzial und die Nutzung kultureller Gegebenheiten. Mit Hilfe der Aufteilung der Tourismuspolitik in fünf Dimensionen lassen sich Annahmen charakterisiert und kategorisieren. So kann, z.B. die Tourismuspolitik zur Stärkung einer strukturschwachen Region nicht nur einen

---

80 Vgl.: Ebner, Klambauer, Steindl (1985, S. 137)
81 Vgl.: Schmidt (1990, S. 4-13)

wirtschaftspolitischen Hintergrund haben, sondern auch kulturpolitische oder umweltpolitische Einflüsse aufweisen. Dies kann zwischen den Bundesländern variieren und grundsätzliche Strukturen des Tourismus aufzeigen. Um es auch anders zu formulieren: Würde eine Einteilung in fünf Dimensionen nicht erfolgen, dann ist der Unterschied zwischen der Tourismuspolitik in den Bundesländer nur schwer ersichtlich. In Tirol und Salzburg haben die politischen Entscheidungsträger generell andere wirtschaftspolitische Voraussetzungen als in Oberösterreich und der Steiermark. Durch Tourismuspolitik schaffen Tirol und Salzburg eine florierende Wirtschaft, damit steigert sich beispielsweise auch die Abhängigkeit vom Tourismus.[82]

## 3.3 Charakteristika des Tourismus:

Die Definition Tourismus schließt an die Charakterisierung von Tourismuspolitik an, dies dient dem Verständnis der Materie. Wie bereits in Kapitel 2 erwähnt, so sind die wichtigen Theoretiker Walter Freyer, Claude Kaspar, Jörn W. Mundt, Hansruedi Müller, Egon Smeral und Anna Schmidt. Kaspar und Müller gelten als essentielle europäische Forscher im Bereich des Schweizer Tourismus und der Tourismuspolitik, Anna Schmidt hat mit ihrer Dissertation von 1990 die österreichische Form von Tourismuspolitik erfasst. Hinzu kommt noch Egon Smeral, der in seinen Forschungen zum österreichischen Tourismus das tourismuspolitische Moment partiell untersucht. Die Tourismuspolitik aus deutscher Sicht wird von Walter Freyer und Jörn W. Mundt behandelt, ihre theoretischen Ansätze können vergleichend in Verbindung gesetzt werden mit Müller und Kaspar. In der theoretischen Annahme und in der Empirie dieser Arbeit findet die Veto-Player Theorie von George Tsebelis entsprechenden Niederschlag, damit wird die Akteursstruktur im Rahmen der Tourismuspolitik untersucht.

Der Begriff Tourismus wurde erst in den 1990er Jahren allgemein in Österreich angenommen, der ursprüngliche Terminus im deutschen Sprachraum lautet Fremdenverkehr. Teilweise wird auch der Terminus Freizeitwirtschaft gebraucht, dieser ist jedoch größer in der Dimension. Der Wechsel der Bezeichnung entstand im Zuge der Globalisierung und Internationalisierung, der Begriff Fremdenverkehr hatte in diesem Zusammenhang einen negativen Beigeschmack, das wertneutrale Wort Tourismus gibt der

---

82 Vgl.: BMWFJ (2013c, S. 25-30)

Materie einen objektiveren Charakter und gilt als unbelastet.[83] Die historische Entwicklung der Bezeichnung Fremdenverkehr geht in das Jahr 1850 zurück, Dr. F. J. Behrend hatte die Benennung Fremdenverkehr in Zusammenhang mit der Berliner Prostitution erwähnt. Ab 1866 erfolgte der Einzug des Fremdenverkehrs in die allgemeine Literatur. Die Ursprünge des Begriffs Tourismus zeigen historisch auf die Zeit nach dem 2. Weltkrieg. Ab 1945 fand diese Bezeichnung Einzug in die Literatur, wenn auch noch nicht mit vorherrschendem Charakter. Selbst in den 1960er Jahren fand sich die Benennung Tourismus noch nicht regelmäßig in den Wörterbüchern. Aus einer synonymen Verwendung der Begriffe entwickelte sich, speziell in Österreich, eine ersetzende Form in der Bezeichnung. Es kommt aber durchaus regelmäßig vor, dass beide Begriffe in der Literatur Einzug finden. Grundsätzlich unterscheiden sich formale Ausrichtung und Bedeutung in Österreich nicht. In dieser Untersuchung wird der Terminus Tourismus verwendet, es kann jedoch bei Zitaten der Begriff Fremdenverkehr auftauchen, dieser ist dann formal gleichzusetzen mit Tourismus.[84] Ein Indiz hierfür ist die Änderung des Salzburger Fremdenverkehrsgesetzes im Jahr 2003, seit diesem Jahr lautet die Bezeichnung Salzburger Tourismusgesetz.[85]

Die theoretischen Hintergründe des heutigen Tourismus beginnen mit dem frühen 20. Jh. und sind seither stets weiterentwickelt worden. Vor allem in der Geografie und in der Volkswirtschaft beschäftigte man sich mit den Definitionen. Im Jahr 1905 hatte Stradner das Buch „Der Fremdenverkehr" veröffentlicht und 1911 gab es eine erste wissenschaftliche Untersuchung unter H. v. Schullern-Schrattenhofen. In dieser Untersuchung fand sich erstmals die Sichtweise des Tourismus als Objekt.[86]

Neben weiteren Tourismusforschern, z.B. Neff, Morgenroth und Bormann, ist es Robert Glücksmann gelungen, eine Definition des Tourismus zu finden, die eine nachhaltige Wirkung erzielt. Er spricht von einer „...Ueberwin-dung [!] des Raumes durch den Menschen...",[87] also die Reise zu einer anderen Destination, in der man nicht wohnt und dauerhaft ansässig ist. Dort wird entspannt und erholt. Diese Vorgehensweise ist von den Menschen so gewollt und durch die Überwindung kann ein Effekt des Abschaltens erzielt werden. Glücksmanns Definition stammt aus der Zwischenkriegszeit, es war also noch

---

83 Vgl.: Müller, Kramer, Krippendorf (1993, S. 50)
84 Vgl.: Sölter (S. 22-25)
85 Vgl.: Land Salzburg, Bericht. Nr. 192 (2001)
86 Vgl.: Sölter (S. 22-25)
87 Glücksmann (1930, S. 15), in Müller, Kramer, Krippendorf (1987, S. 33)

nicht von einer vernetzten Welt im heutigen Sinn zu sprechen. Daher hat auch die Bedeutung des Wortes Überwindung den Stellenwert der mühsamen Reise mit Strapazen. Im 21. Jh. ist der Aufwand einer Reise um ein vielfaches weniger, da der Mobilitätsstandard verbessert wurde. Die beiden Schweizer Hunziker und Krapf gelten, zusammen mit Claude Kaspar, als die bekanntesten Tourismusforscher. Ihre Form der Definition bietet eine Erweiterung im Vergleich zu Glücksmann:[88]

„Fremdenverkehr ist der Inbegriff der Beziehun-gen [!] und Erscheinungen, die sich aus der Reise und dem Auf-enthalt [!] Ortsfremder ergeben, sofern durch den Aufenthalt keine Niederlassung begründet und damit keine Erwerbstätig-keit [!] verbunden wird".[89]

Mit dieser Definition lässt sich feststellen, dass Tourismus nicht nur einen wirtschaftlichen Aspekt hat. Es zeigt sich die Komplexität, die in der Definition der Tourismuspolitik dahingehen mündet, dass diese fünf Dimensionen umfasst. An Aktualität hat diese Formulierung wenig eingebüßt, obwohl Bereiche wie Geschäfts-, Gesellschafts- und Kongresstourismus nicht enthalten sind. Erst ab den 1980er Jahren fanden diese Zusätze und Aspekte ihre Berücksichtigung, zu dieser Zeit entwickelte Kaspar die theoretischen Ansätze von Hunziker/Krapf weiter und konnte diese auch simplifizieren:[90]

„Aus den angestellten Überlegungen definieren wir den Fremdenverkehr oder Tourismus als Gesamtheit der Beziehungen und Erscheinungen, die sich aus der Reise und dem Aufenthalt von Personen ergeben, für die der Aufenthaltsort weder hauptsächlicher und dauernder Wohn- noch Arbeitsort ist."[91]

In der Tourismusforschung wird gerne diese Definition verwendet, da sie auf verschiedene Ausprägungen des Tourismus umgelegt werden kann. Entscheidende Faktoren wie Wirtschaft, Umwelt und Soziales werden hierbei mit dem Tourismus verortet. Dies stimmt auch für die politikwissenschaftliche Sichtweise, die bisher genannten Dimensionen sind hierfür essentiell. In der Formulierung Kaspars finden sich zwei Eigenschaften zur Eingrenzung der Begrifflichkeit. Zum einen wird der Aufenthalt so konkretisiert, dass dieser nicht im Arbeits- und Wohnumfeld praktiziert wird. Folgerichtig bedeutet dies, dass Berufspendler aus der Definition ausgeklammert

---

88 Vgl.: Müller, Kramer, Krippendorf (1987, S. 33-34)
89 Hunziker, Krapf (1959, S. 11), in Müller, Kramer, Krippendorf (1987, S. 34)
90 Vgl.: Müller, Kramer, Krippendorf (1987, S. 34)
91 Kaspar (1991, S. 18)

werden, Personen mit Zweitwohnsitz jedoch aufscheinen. Im zweiten Merkmal nimmt Kaspar Bezug auf den Ortswechsel, der als integrativer Bestandteil des Tourismus gilt bzw. als Beginn und Ende der Definition angesehen wird. Beispielsweise sind Staus auf Autobahnen eine Angelegenheit des Tourismus und werden im Rahmen der Tourismuspolitik von den politischen Entscheidungsträgern behandelt. In diesem Fall kann man davon ausgehen, dass die entscheidenden Akteure innerhalb der politischen Sphäre zu finden sind.[92]

## 3.3.1 Regionalität des Tourismus in Österreich:

In der geografischen Verteilung der Nächtigungen und touristischen Aktivitäten in Österreich zeigt sich ein starkes Gefälle zwischen Westen und Osten, aber auch der Städtetourismus (Wien, Salzburg, Innsbruck) kann als wichtiger Faktor des Tourismus und der Tourismuspolitik gesehen werden. In Abbildung 7 verdeutlicht die Größe der Kreise die absoluten Nächtigungen.[93]

**Abbildung 7: Geografische Verteilung der Nächtigungen**

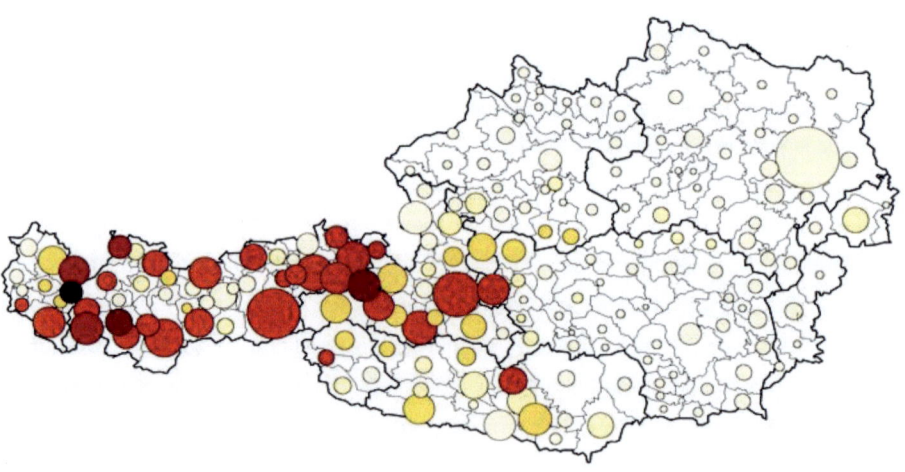

Quelle: ÖROK Atlas Nächtigungsintensität 1995/96, in Universität für Bodenkultur (WS 2005/2006, S. 37)

---

92 Vgl.: Müller, Kramer, Krippendorf (1993, S. 51)
93 Vgl.: Universität für Bodenkultur (2005, S. 37)

Interessant ist der Sachverhalt bei den beiden Bundesländern Salzburg und Tirol, diese erzielen insgesamt über 50% der Nächtigungen innerhalb des Staates. Es wird klar dargestellt, dass der Tourismus und eine spezielle Tourismuspolitik einen hohen Stellenwert in Österreich einnehmen. In Abbildung 7 lässt sich der Sachverhalt der West/Ost-Verschiebung grafisch herauslesen, die Anzahl der Gesamtnächtigungen für Österreich im Jahr 2012 lag bei ca. 131 Mio. Nächtigungen.[94]

## 3.3.2 Tourismusformen und Unterscheidungen:

Grundsätzlich gibt es mehrere Ausprägungen des Tourismus, es können mehrere Formen klassifiziert werden. Diese Termini sind in der tourismuspolitischen Diskussion und Entscheidungsfindung als Norm-Begriffe zu verstehen. Bei politischen Verhandlungen im Verkehrs- und Infrastrukturbereich sind Klassifizierungen der Tourismusformen essentiell. Sollte beispielsweise ein Flughafen als touristischer Zubringer dienen, so ist über die Frequenz des Flugverkehrs zu entscheiden. Zu Grunde liegen die Definitionen von Claude Kaspar aus seinem Werk „Fremdenverkehrslehre im Grundriss", folgende Ausprägungen lassen sich unterscheiden:

Massentourismus: Hier wird die Masse an Touristen analysiert, die einen negativen Einfluss auf Umwelt, Soziales, Verkehr und Kultur ausüben können. Schädigungen treten entweder bei einer kleinen oder großen Anzahl an Touristen auf, je nach Beschaffenheit der Umwelt und Region. Massentourismus wird als das Gegenteil zum sanften Tourismus angesehen und es kommt zu Störungen in der nachhaltigen Nutzung und Entwicklung einer Region.

Sozialtourismus: Touristen mit schwacher Kaufkraft werden durch spezielle Angebote und Mechanismen angelockt und für den Urlaub rekrutiert.

Pauschaltourismus: Im Herkunftsland der Gäste sind Reisen zu Pauschalpreisen und speziellen Terminen im Angebot zu finden, Leistungen in der Zielregion sind zusätzlich

---

94  Vgl.: Statistik Austria, Ankünfte, Nächtigungen sowie durchschnittlicher Aufenthaltsdauer nach Bundesländern
    (1995 bis 2013)

bereits inkludiert.[95] In Österreich bieten viele Destinationen dieses Service an, meist finden sich hier zeitlich eingegrenzte Aufenthalte zur Thematik Skilauf, Wellnessurlaub oder Erlebnisurlaub mit Wandern und Naturgenuss.[96]

Traditioneller Tourismus: Dies entspricht dem historischen Bild des Urlaubsaufenthaltes im klassischen Sinne, individuell wird durch den Gast das Zielland ausgewählt. Der Aufenthalt findet in einem Hotel oder sonstigen Unterkünften statt. Der traditionelle Tourismus kann als Entwicklungspunkt des sog. „Lederhosenstil" klassifiziert werden, dies ist eine Architekturform des Alpenraums mit optisch historischen Beherbergungsbetrieben mit Vorzügen der Moderne (Wellness-Oasen usw.). Gerne versucht der Tourist dabei auf möglichst viele Klischees zu treffen, die jedoch teilweise nur eine oberflächliche Fassade darstellen und ohne entsprechende Schärfe und Tiefe auskommen.[97]

Eine gebräuchliche Anwendung für die Klassifizierung von Tourismus ist die Unterscheidung nach der Aufenthaltsdauer. Durch die Informationen der Aufenthaltsdauer lassen sich verschiedene Wirkungsbereiche für die politische Ebene ableiten. Grundlegend kann in Österreich eine Verkürzung der Aufenthaltsdauer in den letzten Jahren beobachtet werden, der klassische Sommergast mit mehrwöchigem Aufenthalt ist mittlerweile nur noch in Ausnahmefällen anzutreffen. Auf diesen Sachverhalt müssen die tourismuspolitischen Entscheidungsträger in den tourismusintensiven Bundesländern eingehen, vor allem in Hinblick auf das zukünftige Potenzial und die Abhängigkeit vom Tourismus.[98]

---

95 Vgl.: Schmidt (1990, S.9)
96 Vgl.: Bergfex, Pauschalangebote Österreich (2014)
97 Vgl.: Schmidt (1990, S.9 - 10)
98 Vgl.: Statistik Austria, Regionale Entwicklung des Tourismus

# Tabelle 3: Veränderungen im Tourismus 2000 vs. 2013

| | Beherbergungsbetriebe | | Nächtigungen | | Ø Aufenthaltsdauer in Tagen | | Ankünfte | |
|---|---|---|---|---|---|---|---|---|
| | 2000 | 2013 | 2000 | 2013 | 2000 | 2013 | 2000 | 2013 |
| Österreich | 75.627 | 63.963 | 113.686.490 | 132.629.032 | 4,30 | 3,60 | 26.377.987 | 36.847.215 |
| Burgenland | 1.234 | 1.251 | 2.435.530 | 2.853.366 | 4,00 | 3,10 | 608.989 | 917.973 |
| Kärnten | 12.829 | 8.757 | 12.830.532 | 12.515.379 | 5,70 | 4,50 | 2.256.402 | 2.787.794 |
| Niederösterreich | 3.349 | 3.251 | 5.726.747 | 6.532.632 | 3,10 | 2,70 | 1.829.820 | 2.397.235 |
| Oberösterreich | 4.655 | 3.576 | 6.718.892 | 7.080.831 | 3,50 | 2,80 | 1.946.156 | 2.511.551 |
| Salzburg | 13.712 | 11.409 | 20.955.580 | 25.805.744 | 4,60 | 4,00 | 4.532.048 | 6.458.801 |
| Steiermark | 7.326 | 6.569 | 9.441.972 | 11.309.604 | 3,90 | 3,20 | 2.394.492 | 3.485.105 |
| Tirol | 25.909 | 23.098 | 40.111.399 | 45.064.344 | 5,10 | 4,40 | 7.875.620 | 10.188.128 |
| Vorarlberg | 6.193 | 5.449 | 7.761.507 | 8.747.843 | 4,70 | 3,90 | 1.668.741 | 2.263.959 |
| Wien | 420 | 603 | 7.704.331 | 12.719.289 | 2,40 | 2,20 | 3.265.719 | 5.836.669 |

Quelle: Eigendarstellung, Daten von Statistik Austria: Ankünfte, Nächtigungen

Eine weitere Untergliederung der Tourismusformen ist möglich, hierbei handelt es sich um die theoretischen Annahmen von Müller, Kramer, Krippendorf. Diese verstehen sich als die Adaption und Modernisierung der Aussagen von Claude Kaspar. Die Aufenthaltsdauer spielt im Tourismus eine bedeutende Rolle, die politischen Entscheidungsträger beeinflusst die Aufenthaltsdauer zudem in ihren Handlungsweisen. Dies betrifft die Abhängigkeit vom Tourismus. Für die Definition der Gästeart nach Aufenthaltsdauer findet man tourismuspolitisch Verwendung in der Statistik und in der allgemeinen Bezeichnung:

Ferienaufenthaltstourismus: Der Ferienaufenthalt gilt als wichtigste Tourismusform, dabei gibt es eine Unterscheidung zwischen langen und kurzen Verweildauern. Auf eine einheitliche Definition der Mindestaufenthaltsdauer kann nicht verwiesen werden, teilweise wird in der Statistik bereits eine Übernachtung des Gastes als Ferienaufenthalt gezählt. Im Regelfall werden bei Müller, Kramer, Krippendorf erst Aufenthalte ab vier Übernachtungen entsprechend dem Begriff klassifiziert.

Ausflugs- und Wochenendtourismus: Hierbei handelt es sich um Tourismus mit keinen bis höchstens drei Übernachtungen im Ferienort, die Dauer entspricht daher nicht mehr den Limits des Ferienaufenthaltstourismus. Wichtig ist auch die Rückkehr zum

Ausgangsort, das heißt, dass der Gast, z.B. von zu Hause aus startet und nach dem Urlaubsaufenthalt wieder dorthin zurückfährt. Eine weitere Unterteilung für den Ausflugs- und Wochenendtourismus kann als effizient betrachtet werden: Für Tagesausflüge gilt die Prämisse, dass keine Übernachtung vollzogen wird. Für den Wochenendtourismus ist die Aufenthaltsdauer eine Nacht bis drei Nächte. Der Kurzzeittourismus beinhaltet eine Übernachtung bis drei Übernachtungen, diese können jedoch, im Gegensatz zum Wochenendtourismus, auch während der Woche erfolgen.

Passantentourismus: Analog zum Ausflugs- und Wochenendtourismus besitzt der Passantentourismus einen Umfang von keiner Übernachtung bis drei Übernachtungen. Der Unterschied liegt darin begründet, dass der Ausgangsort nicht direkt nach dem Urlaubsaufenthalt anvisiert wird. Es gibt weitere Ziele im Sinne des Urlaubs, es kann auch von einer Durchreise gesprochen werden. Diese Form des Tourismus findet beispielsweise bei langer Anreise zum Zielort des Urlaubs statt, es werden hierbei gerne Zwischenstopps eingelegt.

Spezielle Erscheinungsformen des Tourismus: Dazu zählen Tourismus im Zuge von Geschäftätigkeiten, Tourismus zum Thema Bildung,Tourismus politischer Natur, Sporttourismus, Tourismus zum Zweck Kontakte zu knüpfen, Tourismus mit militärischem Hintergrund. Die speziellen Erscheinungsformen gelten nicht als eigene Gliederung, aber es kommt zu Kombinationen mit den anderen Formen. So findet man z.B. Bildungs-Wochendtourismus, Sport-Ferienaufenthaltstourismus oder Politik-Tagestourismus. Die Verbindung von Motiv und Aufenthaltsdauer gibt Aufschluss über das Reiseverhalten der Gäste und dient der politischen Steuerung und Evaluierung von Tourismus.[99]

Eine andere Form der Unterscheidung nimmt Statistiken und Evaluierung mit auf in die Untersuchung von Tourismus. Im Sinne der politischen Institutionen und Handelnden werden diese Gliederungsformen verwertet, es lassen sich so Rückschlüsse auf den systematischen Aufbau des Tourismus ziehen. Dies betrifft die Struktur der Beherbergungsbetriebe, Herkunftsmärkte, Jahreszeiten, usw. Die entscheidenden Merkmale können folgendermaßen gegliedert werden.

---

99 Vgl.: Müller, Kramer, Krippendorf (1987, S. 35-36)

Unterscheidung nach Form der Beherbergungsbetriebe: Eine Klassifizierung der Übernachtungen nach Art des Betriebes wird hier vorgenommen: Hotel, Appartement, Campingplatz, Privatzimmervermieter, Jugendhotel, usw.

Unterscheidung nach Herkunftsländern: Diese Form der Aufteilung findet vor allem im Tourismusmarketing Verwendung, das heißt bei Vorhaben der Österreich Werbung, der Tourismusgesellschaften der Länder oder bei Marketingaktivitäten in Tourismusverbänden. In der tourismuspolitischen Arbeit sind die Verkehrsmittel und Anbindungen zu den Herkunftsländern wichtig und Teil des Interesses. Neben dem Urlaubsverhalten der Gäste aus dem Ausland wird auch der Binnentourismus analysiert.

Unterscheidung nach Auswirkungen auf die Zahlungsbilanz: Ströme der Devisen sind der Untersuchungsgrund, es gibt weiterführend die Aufteilung nach aktivem und passivem Tourismus. Der aktive Tourismus behandelt den Anteil an Ausländern im Inland, also das Einreiseverhalten. Beim passiven Tourismus handelt es sich um den Anteil der Inländer im Ausland, auch Ausreiseverhalten genannt.

Unterscheidung nach soziodemografischen Parametern: Entweder erfolgt die Unterscheidung nach Kaufkraft (Luxus- vs. Sozialtourismus) oder nach Alter (Jugend-, Familien- und Seniorentourismus).

Unterscheidung nach Gruppen- und Teilnehmergröße:
Das Interesse beruht auf der Anzahl der Personen, es kann zwischen Individual- und Gruppentourismus unterschieden werden. Zusätzlich gibt es noch den Kollektiv- und den Massentourismus. Unterscheidung nach Jahreszeiten und Saisonen: Beispiele sind Tourismus im Sommer, Tourismus im Winter, Hochsaison, Zwischensaison und Nebensaison. Als spezifische Beispiele können genannt werden: Weihnachten als fünfte Saison, Festspielsaison, usw. Unterscheidung nach Transportmittel: Hier spielt es eine Rolle, wie die An- und Abreise erfolgen: per Flugzeug, Eisenbahn, Bus, Auto, Schiff oder zu Fuß. Diese Gliederung ist für die politische Diskussion von Bedeutung, da es hier um essentielle Entscheidungen im Bereich Verkehr und Infrastruktur geht.[100]

---

100Vgl.: Müller, Kramer, Krippendorf (1987, S. 36-38)

### 3.3.3 Struktur des Tourismussystems:

Generell steht für die Thematik Tourismus fest, dass sie nicht das Produkt einer einzelnen Disziplin sein kann:

> „Ein fächerübergreifender, interdisziplinärer Ansatz in der Tourismusforschung, ist auch notwendig, denn die Tourismusforschung muss auf Wissen anderer Fachdisziplinen zurückgreifen können, um den wirtschaftlichen, ökologischen, soziokulturellen und politischen Prozessen und Auswirkungen des Phänomens Tourismus gerecht werden zu können."[101]

Der Fokus für diese Untersuchung ist die Tourismuspolitik, interessant gestaltet sich die Einordnung im Tourismussystem  Die politischen Prozesse finden als Faktor des systemischen Aufbaus von Tourismus ihren Platz. Generell unterscheidet Kaspar zwischen fünf übergeordnete Ebenen; die ökonomische, die soziale, die politische, die technologische und die ökologische Umwelt. Damit zeigt sich, dass Tourismuspolitik als Steuerungselement im Tourismussystem zu werten ist und die tourismuspolitischen Entscheidungsträger aus einer Distanz heraus agieren.

Als Unterordnung in Abbildung 8 findet sich das System Tourismus, dieses besteht aus dem Tourismussubjekt und dem Tourismusobjekt. Das Tourismussubjekt steht für den Gast oder den Reisenden, hier kann eine Analyse in bereits erwähnter Form des Tourismus erfolgen. Im Tourismusobjekt finden wir die institutionellen Ausprägungen, diese beziehen sich auf Tourismusort, Tourismusbetriebe und die Organisation des Tourismus. Die politischen Einwirkungen auf den Tourismus können übergeordnet stattfinden, aber auch in der Ebene des Tourismusobjekts ihren Einfluss ausüben. Wichtig ist das Wechselspiel zwischen Input und Output, zwischen den äußeren Umwelteinflüssen und dem System Tourismus. Die politischen Entscheidungsträger (Landesregierung, Landeshauptmann, Kammern, Bund, Parteien) können gezielt auf das System einwirken.

---

101Sölter: Artikel Tourismusforschung 2006, in Sölter (S. 141)

## Abbildung 8: Struktur des Tourismus

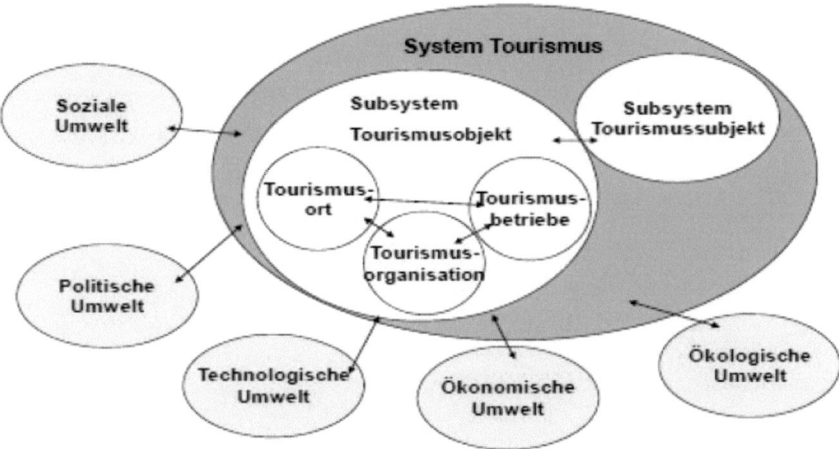

Quelle: Eigenbearbeitung, Daten von Kaspar (1991, S. 14)

In tourismuspolitischer Hinsicht ist es wichtig, dass das Zusammenspiel von allen fünf äußeren Faktoren harmoniert, die Entscheidungsträger sind deshalb als Moderatoren tätig. Außerdem sind Bereiche Wirtschaft, Arbeit, Kultur, Umwelt und Infrastruktur eine Basis des politischen Diskurses über Tourismus. Ziel- und zweckorientierte Handlungsweisen beinhalten Interessen aus den fünf Bereichen, die auch die fünf Dimensionen der Tourismuspolitik bilden.[102]

Die fünf Faktoren, die das System Tourismus von Außen beeinflussen, sind in der Tourismuspolitik fassbar. So besteht Ökonomie aus dem Bereich Arbeit (Kapital, Arbeitnehmer, Preise/Löhne), der Konsumverteilung, der Inflation und der Stabilität der Währung. Die soziale Umwelt umfasst das Sozialsystem, das Gesundheitswesen, Pensionen, Bildung und den kulturellen Bereich. In der Ökologie findet sich das Katastrophenmanagement, der Natur- und Umweltschutz und Klimaänderungen. Unter Technologie sind der Verkehr und Infrastruktur, die Kommunikation, Sport, Gebäude, Umwelt und Medizin zusammengefasst. In den fünf Dimensionen der Tourismuspolitik finden sich diese Faktoren wieder. Tourismuspolitik kann die Außenfaktoren des Tourismussystems bündeln, es lässt sich somit eine Machtposition der Entscheidungsträger in der Einflussnahme feststellen. Für die Umsetzung der Interessen bietet dieser Sachverhalt den tourismuspolitischen Entscheidungsträgern einen hohen Grad an Autonomie.[103]

---

102Vgl.: Kaspar (1991, S.13-15)
103Vgl.: Sölter (S. 83-84)

# 4 Interaktionen im Bund:

## 4.1 Akteure in der österreichischen Tourismuspolitik:

Zuerst werden die wichtigsten Akteure identifiziert und ihre Aufgabenbereiche analysiert. Im Anschluss erfolgt eine Evaluierung der Bundesländer im tourismuspolitischen Sinn. Die Parameter jedes Bundeslandes dienen der Erhebung der Gemeinsamkeiten und Unterschiede, die mit Hilfe der Veto-Player Theorie von George Tsebelis zur Aufschlüsselung der Machtstrukturen beitragen. Eine Bewertung der Sachverhalte und die Bildung von Hypothesen zur Tourismuspolitik erfolgt anschließend.[104]

## 4.1.1 Bund:

Als höchste politische Ebene im Staat gilt die Bundesebene, auch in einem föderalen System ist es von äußerster Wichtigkeit, dass es eine zentrale Kontrollinstanz gibt. Im Fall der Tourismuspolitik verhält es sich so, dass koordinative Aufgaben auf Bundesebene wahrgenommen werden. Politische Entscheidungen trifft man nicht direkt, denn die Kompetenzen sind anders verteilt:

> „Beim Bereich Tourismus und Freizeitwirtschaft handelt es sich um eine Querschnittsmaterie mit einer überaus ausgeprägten Kompetenzsplitterung. Entsprechend dem **Art. 15 B-VG** (Generalklausel) ist die Regelung von spezifisch tourismus- und freizeitwirtschaftlichen Bereichen im Kern Landessache."[105]

Bei finanziell aufwändigen Projekten wird regelmäßig die Unterstützung durch die staatlichen Entscheidungsträger gesucht. Gesamtwirtschaftliche Vorhaben, eine effiziente Arbeitsmarktsteuerung und größere infrastrukturelle Maßnahmen können nur mit Hilfe des Bundes verwirklicht werden. Die Struktur des Föderalismus in Österreich ist dabei

---

104 Vgl.: Tsebelis (2002)
105 BMWFW, Tourismus in Österreich

67

entscheidend und prägt die Tourismuspolitik. Tourismus ist im politischen Verständnis Ländersache, aber durch die Kombinationsmöglichkeit bei bestimmten Sachverhalten, kann die Bundeskompetenz und Machtposition indirekt mit ins Spiel gebracht werden. Die generelle Kompetenzaufteilung im politischen Kontext in Österreich ist in Tabelle 4 dargestellt.

## Tabelle 4: Kompetenzen im Föderalismus

| Aufteilung | Gesetzgebung Bund Umsetzung Bund | Gesetzgebung Bund Umsetzung Land | Grundgesetze Bund Ausführungsgesetze Land | Gesetzgebung Land Umsetzung Land |
|---|---|---|---|---|
| Bereiche (Selektion) | Finanzen, Bankenwesen, Gewerberecht, Immigration, Sicherheitspolizei, Post, Sozialversicherungen, Berg- und Forstwesen, Wasserrecht, Arbeitsrecht, Militär, Gesundheitswesen, usw. | Staatsbürgerschaft, Wohnungswesen (ohne Wohnbauförderung), Straßenpolizei, Umweltverträglichkeitsprüfung, usw. | Sozialhilfe, Krankenhäuser, Pflanzenschutz, Elektrizität, Arbeitsrecht in Land- und Forstwirtschaft, usw. | Gemeindewesen, Baurecht, Wohnbauförderung, Naturschutz, Tourismus, Land- und Forstwirtschaft, Jagd und Fischerei, Sport, Jugendschutz, usw. |

Quelle: Eigendarstellung, Daten von Lins (2008, S. 47)

Neben dem Bund sind die Ministerien für die bundespolitischen Agenden zuständig. Die Belange des Tourismus sind im Wirtschaftsministerium (im Jahr 2014: BMWFW) zu finden. Ein Beispiel ist die Tourismusstrategie 2010-2015 des Wirtschaftsministeriums unter der Leitung des Wirtschafts- und Wissenschaftsministers Reinhold Mitterlehner. Im Zuge einer Tourismuskonferenz wurde diese am 26. Februar 2010 in Innsbruck vorgestellt und kann als Wiederaufnahme der Österreichischen Fremdenverkehrstage, diese gab es zuvor bis 1989, verstanden werden.

Dem Treffen in Innsbruck im Jahr 2010 haben etwa 300 Vertreter der österreichischen Tourismusbranche beigewohnt und außerdem konnten sieben von neun Landesräte des Tourismusressorts begrüßt werden. Seit 2010 findet jährlich ein Meeting mit den touristischen Akteuren statt, es gibt also eine Weiterführung im Sinne der ehemaligen Fremdenverkehrstage.

Die Intentionen des Ministers Mitterlehner zur Tourismuspolitik geben die bundespolitische Einschätzung wieder:[106]

„Als „Steuerungsgruppe" sieht er deshalb – neben der jährlichen Tourismuskonferenz (mit Teilnahme aller Tourismuslandesräte, aber nicht Politik dominiert) – eine laufende, bessere Abstimmung der Aktivitäten zwischen Bund und Ländern vor. Darüber hinaus wird es eine begleitende Kontrolle durch den Tourismusausschuss im Parlament (der damit vom Minister de facto einen Arbeitsauftrag erhalten hat), durch die ÖHT (Österreichische Tourismusbank), durch die Länder, die ÖHV (Österreichische Hoteliervereinigung) und die WKÖ (Wirtschaftskammer Österreich) geben."[107]

Tourismus ist Ländersache, daher kann die Einschätzung des Ministers als einseitig betrachtet werden, trotzdem gibt es Aufgaben für die Entscheidungsträger des Bundes. Das BMWFW (vormals BMWFJ) übernimmt die Umsetzung der Tourismuspolitik und ist in vier Abteilungen aufgespalten. Abteilung 1 agiert für die eigentliche Tourismuspolitik und behandelt entsprechende Sachverhalte. Einzug finden hier die Belange rechtlicher und wirtschaftlicher Natur, Strategien und Statistiken, Marketing, Tourismuspolitik und Akteurs-Koordinierung. In Abteilung 2 werden internationale Tourismusbeziehungen bearbeitet. In praktischer Form sind dies repräsentative Elemente für die EU und internationale, globale Strategien, zusätzlich findet hier die Zusammenarbeit von Regionen und Ländern statt. Als Servicestelle des Tourismus ist Abteilung 3 konzipiert: Es werden die Faktoren Input und Output zusammengefasst, Informationen gebündelt und entsprechend weitergeleitet, Sachverhalte für das Marketing gebündelt und Auszeichnungen vergeben. Abschließend koordiniert man in Abteilung 4 die Vergabe von Tourismusförderungen, außerdem findet hier die Kommunikation mit der EU statt, entsprechende Geldflüsse für den Tourismus durchlaufen in Abteilung 4 eine Kontrolle. Es können auch EU-Fördergelder für den Einsatz im Tourismus genutzt werden.[108]

Die Aufgaben der Entscheidungsträger im Bund liegen des Weiteren in der Koordinierung der diversen Ausformungen von Tourismuspolitik der einzelnen Bundesländer, in der finanziellen und organisatorischen Kompetenz im staatlichen Verkaufs- und Marketingbereich (Österreich Werbung) und in der Vergabe von Förderungen, Zuschüssen

---

106 Vgl.: TAI, Sternstunde mit Schönheitsfehler. Vorhang auf für die Tourismusstrategie
107 TAI, Sternstunde mit Schönheitsfehler. Vorhang auf für die Tourismusstrategie
108 Vgl.: BMWFJ (2013d, S. 9-10)

und Krediten. Daneben gibt es eine Bundesbeteiligung bei touristischen Infrastruktureinrichtungen, diese sind, z.B. das Schloss Schönbrunn oder die Österreichischen Bundesbahnen. Bei den Förderungen und Zuschüssen gelten folgende Formen als essentiell:[109]

- ERP-Kredite
- Ersatzkredite über das ERP
- Förderungen für Jungunternehmer
- Qualitätsoffensiven
- Schwerpunktförderungen[110]
- Förderungen im Tourismus durch das Bundesministerium
- Zuschüsse bei Aktionen der Österreich Werbung[111]

Mit Hilfe dieser finanziellen Förderungen sind vor allem Großprojekte und strukturschwache Regionen im Fokus der tourismuspolitischen Agenden. Ein Unterschied liegt in der Form der Subventionsart vor. Manche Maßnahmen gehen direkt den Betrieben und Akteuren zu und andere werden indirekt eingesetzt. Innerhalb der fünf Dimensionen der Tourismuspolitik zeigt der Bund ein großes Interesse an der Gestaltung von mittelbar umsetzbaren Agenden: Wirtschaftspolitisch sind die Steuerpolitik, Finanzpolitik (Wechselkurssteuerung), Gewerberecht und Tourismusstatistik gestaltbar. Arbeits- und sozialpolitisch zeigen Arbeiter- und Angestelltengesetz, Regelung der Ausländerquote, Ausbildung und das Lehrlingswesen Potential. Im infrastrukturellen Bereich werden Straßenbau und -planung, Schienennetz und Flugverkehr und Normierungen technischer Natur (z.B. Seilbahnwesen) behandelt. Umweltpolitisch findet die Erstellung von Normen und Werten, Kontrolle und nachhaltige Energiegewinnung entsprechenden Eingang in Diskussionen.

Der Einsatz der Fördermittel im Sinne des ERP liegt im Rahmen von € 50 Mio. und wurde in den vergangenen Jahren bei Schwerpunktaktionen eingesetzt. In den Jahren 2009 und 2010 wurde in den Radtourismus investiert, 2010 förderte man den Faktor Internet und 2012 galt das Augenmerk den familienfreundlichen Betrieben.[112] Ein kommendes Thema

109Vgl.: Feilmayr (2007, S. 122-123)
110Vgl.: ÖHT, TOP-Tourismus-Förderung
111Vgl.: Club Tourismus (S. 1-3)
112Vgl.: BMWFJ (2013e, S. 1-2)

für eine Schwerpunktaktion liegt in der Forcierung der Thermenregionen. Für die Zukunft ist eine Optimierung der Fördermittel geplant, die ÖHT soll hierbei eine zentrale Rolle als Anlaufstelle einnehmen. Eine finanzielle Abgrenzung der Zuständigkeiten ist in Abbildung 9 ersichtlich.[113]

## Abbildung 9: Förderungen nach finanziellen Maßstäben

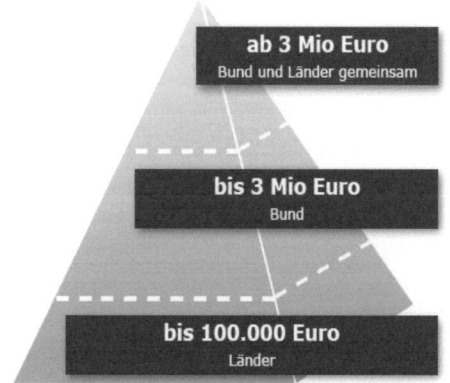

Quelle: BMWFJ (2010b, S. 12)

Der Charakter der Interaktion auf Bundesebene soll nicht davon ablenken, dass informelle Treffen der Länder nicht eine Beschneidung der Rechte der Tourismuspolitik bedeuten. Anders formuliert kann auch gesagt werden, dass tourismuspolitische Entscheidungen von den Landesregierungen gefällt werden und bundespolitische Diskussionen keine Verbindlichkeit aufweisen.[114] Interessant wird der Sachverhalt bei Sportveranstaltungen, diese fallen an sich in die Kompetenz der Länder. Bei Einsatz von Fördermitteln des Bundes kommt es zu einer Verschiebung. Große Events bedürfen einer Förderung durch den Bund, da die Gemeinden und Länder finanzielle Engpässe aufweisen. Mit dem Geld des Bundes entstehen Verbindlichkeiten und es wird der Einfluss desselben gesteigert.[115]

---

113 Vgl.: BMWFJ (2010b, S. 12)
114 Vgl.: Feilmayr (2007, S. 123-124)
115 Vgl.: Bundesministerium für Landesverteidigung und Sport (2012, S. 20)

## 4.1.1.1 Tourismusstrategie 2010-2015

Allgemeine Forderungen und erwünschte Entwicklungen wurden von Bundesseite her in der Tourismusstrategie 2010-2015 zusammengefasst. Der Alpenraum sollte noch als ganzjährige Urlaubsdestination positioniert werden, derzeit gibt es einen hohen Anteil an Gästen im Winter, der Sommertourismus kann noch gestärkt werden. Wichtige Werte in der Vermittlung sind das authentische Auftreten der einheimischen Bevölkerung, Tradition und Naturerlebnisse. In der Vermarktung nach Außen werden der Donauraum und die Städte mit Kulturtourismus weiter forciert, um auch hier eine Optimierung der Gästezahlen zu erreichen.[116] Die Hauptziele umfassen eine weitere Steigerung des Marktanteils im internationalen europäischen Tourismus. Derzeit liegt hier ein Wert von 6,7% vor (Messwert ist der EU-15 Tourismusexport) und eine Verbesserung in der Entwicklung des Tourismus.

Als grundlegende Faktoren der Optimierung werden Wirtschaft und Beschäftigung angeführt, vor allem im ländlichen Raum sollte Beschäftigung und Lohnniveau eine Balance erfahren. Anhand der Strategie wird die Koordination zwischen Ländern und Bund noch einmal verdeutlicht und eine Allianz der zehn Institutionen des Marketings herausgehoben (ÖW und neun Landesmarketingorganisationen). In der strategischen Vorgehensweise finden sich Parameter wie Wachstum von Wirtschaft und Beschäftigung, höhere Auslastung (hin zum Ganzjahrestourismus), Netzwerkbildung, bessere Wettbewerbsfähigkeit, Erschließung neuer Märkte und touristische Optimierung im IT-Bereich. Diese sollten in den kommenden Jahren im Fokus der Tourismuspolitik des Bundes stehen. Im Maßnahmenkatalog setzt man auf effektive Produktentwicklung, Kommunikation via Internet und IT-Kanäle, Urlaubsangebote für die Zwischensaison, Verbesserung im Bereich Verkehr (Flugzeug und Bahn) und qualitative Optimierung der Arbeit. Zusätzlich sollte im Bildungsbereich ein verstärkter Fokus auf touristische Berufe gelegt werden, dies betrifft grundsätzlich Fachhochschulen, Tourismusschulen und Lehrberufe.[117]

---

116Vgl.: BMWFJ (2010b, S. 6-8)
117Vgl.: BMWFJ (2010a, S. 5-10)

## 4.1.2 Bundesländer:

Tourismuspolitik ist Sache der Bundesländer, daher ist im föderalen System eine entsprechende Kompetenzverteilungen gegenüber dem Bund wahrzunehmen. In einigen Bundesländern sind entsprechende Abteilungen des Landtages zu finden, das Beamtentum beschäftigt sich in diesen Fällen mit der bürokratischen Umsetzung von Tourismuspolitik. Eine zweite Form der tourismuspolitischen Operationalisierung kann durch Landestourismusverbände erfolgen, so z.b. in Oberösterreich. Die Landestourismusverbände oder -organisationen gibt es in allen Bundesländern und diese sind in erster Linie für das Marketing zuständig und den tourismuspolitischen Entscheidungsträgern unterstellt. Eine Einteilung der Gemeinden in Ortsklassen (z.b. A, B, C oder 1, 2, 3) findet sich in sieben von neun Bundesländern, nur Wien und Kärnten nehmen davon Abstand. Im administrativen Rahmen ergeben sich dadurch Vorteile in der Zuweisung von Förderungen durch das Land und ein einheitliches Raster für die Landesabgaben. Beteiligungen des Bundeslandes an touristischer Infrastruktur gibt es auch auf Länderebene, dieser Sachverhalt ist analog zum Bund. Viele Kur- und Thermaleinrichtungen in Oberösterreich, Steiermark und Salzburg zählen hier dazu. Teilweise wurden diese in den vergangenen Jahren jedoch privatisiert, ähnlich zur gesamtösterreichischen Situation in anderen Bereichen. Da die Kompetenzen der Tourismuspolitik zum größten Teil bei den politischen Entscheidungsträgern liegt, so sind hier die dominierenden Diskussionen zu finden und eine Interaktion ist ersichtlich.[118]

Die Gestaltung beschränkt sich nicht nur auf die politischen Entscheidungsträger, es werden auch Experten und touristische Unternehmer miteinbezogen. Mit Hilfe von Projektgruppen werden Themen und Agenden aufgeworfen, mit Tourismuspolitik erfolgt die Umsetzung und Entscheidung. Diese können beispielsweise Bereiche wie Wellness & Gesundheit, Verkehr, Natur, Beschäftigung und Ausbildung umfassen.[119]

---

118Vgl.: Feilmayr (2007, S. 124-125)
119Vgl.: Huber (S. 4-8)

Landesspezifisch zeigt sich der Rahmen der Tourismuspolitik folgendermaßen:

„Die österreichischen Bundesländer sind zuständig für die Erlassung von "Tourismusgesetzen" und zur Regelung des "Veranstaltungswesens". Sie sind zum Teil auch für umweltschutzrelevante Regelungen, zur Regelung der Raumordnungen, zur Erlassung von Bauordnungen sowie zur Regelung infrastruktureller Belange (z. B. Landesstraßen) zuständig."[120]

Inhaltlich findet sich in der Landesgesetzgebung die Festlegung der Ortstaxen bzw. des Abgabewesens, des Skischulwesens, der Vergabeverordnungen von Krediten und der Ordnung von Tourismusverbänden. Diese Maßnahmen und Regelungen sind nötig, um den Entscheidungsträgern in den Bundesländern eine effiziente Tourismuspolitik im nachhaltigen Sinn zu ermöglichen. Es zeigt sich in den Landesgesetzen ein Niederschlag der Interessen der nicht politischen Akteure. Diese konnten die Entscheidungsträger mit ihren touristischen Vorhaben überzeugen. Daher gibt es in den westlichen Bundesländern Tirol und Salzburg eigene Gesetzesabschnitte für Skischulen und Seilbahnverbände. Als allgemeine österreichische Akteure sind Naturschutzorganisationen und -vereinigungen, landwirtschaftliche Verbände, usw. zu nennen. Es darf hier aber nicht übersehen werden, dass die meisten Akteure nicht über politische Macht verfügen und die Entscheidungen bei den Landesregierungen (mit Kammern und Landeshauptmann) liegen. In der Entscheidungsfindung können die Interessen aber eingebracht werden.

Bei den politischen Entscheidungsträgern in den Bundesländern liegt das höchste Potenzial in der Tourismuspolitik. Durch die politische Länderkompetenz ist das Interesse zur Gestaltung gegeben. Mit Hilfe der Tourismuspolitik können die politische Macht und die Legitimation für die Entscheidungsträger gewährleistet werden. Tourismuspolitische Gestaltung und Umsetzung führt zu einer aktiven Arbeit, diese kann von der Wählerschaft entsprechend bewertet werden. Die Entscheidungsträger agieren als ein Bindeglied zwischen den Interessen der Akteure und der Bevölkerung, die Bundesländer stehen zudem im Wettbewerb zueinander.[121]

---

120BMWFW, Tourismus in Österreich
121Vgl.: Hartl (2011, S. 16-19)

Die sechs Erklärungen in Kapitel 2 geben Aufschluss über die Unterschiede zwischen den Bundesländern. Da die Bundesländerkompetenz in der Tourismuspolitik formalpolitisch festgeschrieben ist und dies auch realpolitisch so ausgeführt wird, haben die politischen Entscheidungsträger der Länder auch das größte Interessen an der Gestaltung. Das Interesse an Tourismuspolitik begründet sich durch die Möglichkeiten der Macht- und Legitimationssteigerung. Das Instrument Tourismuspolitik kann als landesspezifische Ausprägung verstanden werden. Sowohl die Landesregierung als auch der Landeshauptmann können ihre Arbeit positiv und als selbst erbracht gegenüber der Bevölkerung darstellen. Sollte in einem Bundesland, beispielsweise in der Steiermark und Oberösterreich, die Industrialisierung als Gestaltungselement vorhanden sein, so können die politischen Entscheidungsträger die Arbeit im Rahmen der Tourismuspolitik zurückschrauben. Eine politische Profilierung kann dort für die Handelnden also ohne den tourismuspolitischen Bereich erfolgen. In Bundesländern mit einer hohen touristischen Frequenz sind die Voraussetzungen für eine tourismuspolitische Profilierung dagegen höher einzuschätzen.[122]

Durch Tourismuspolitik versuchen die Bundesländer ihre strukturschwachen Regionen zu stärken. Die Möglichkeiten dazu sind tourismuspolitisch gegeben und werden in Bundesländern mit hohem touristischen Aufkommen auch gerne genutzt. Wenn sich ein Bundesland zu einer verstärkten Tourismuspolitik bekennt, so steigen die Abhängigkeit von Tourismus und die Investitionstätigkeit. Mit tourismuspolitischen Investitionen gehen nachhaltige Entwicklungen und die Nutzung von zukünftigem Potenzial einher. Wenn die politischen Entscheidungsträger einen hohen Grad an Professionalisierung im Tourismus erreichen wollen, dann werden andere politische Gestaltungsbereiche in den Hintergrund gedrängt. Bei negativen Entwicklungen im Tourismus müssen die politischen Entscheidungsträger der Bundesländer also entsprechend reagieren, eine Kompensation ist bei einer hohen Fokussierung auf Tourismuspolitik schwieriger, als bei marginaler tourismuspolitischer Arbeit. Kulturelle Einrichtungen und Gegebenheiten werden im Sinne der tourismuspolitischen Arbeit genutzt, dies im Sinne der Wertschöpfung durch Tourismus in einem Bundesland. Manche Bundesländer sind hierbei im Vorteil, da mehr kulturelle Infrastruktur vorhanden ist. Förderungen werden von den politischen Entscheidungs-trägern der Bundesländer dazu verwendet, um die genannten Punkte umzusetzen.[123]

122Vgl.: BMWFJ (2013c, S. 21-29)
123Vgl.: BKA (2001, S. 80-83)

## 4.1.3 Gemeinden:

Als unterste politische Ebene in Österreich findet sich die kommunale Sphäre. Innerhalb der Orte, Märkte und Städte wird ein großer Teil der Tourismuspolitik in die Praxis umgesetzt. Es liegt in der Natur der Sache, dass Kommunalpolitiker und -akteure dabei Entscheidungen treffen wollen. In der Übersetzung von Tourismus für die Bevölkerung liegt eine wichtige Aufgabe für die Gemeinden. Im gesamtpolitischen Kontext sind diese Entscheidungen aber nicht wichtig, die Landesgesetzgebung greift tief in die kommunale Ebene ein. In der Einflussnahme unterscheidet man zwischen zwei Arten der Wirkungsbereiche:[124]

> „Der **übertragene Wirkungsbereich** betrifft staatliche Aufgaben für den Bund bzw. die Länder, die den Gemeinden zur Erledigung übertragen werden. In diesem Bereich sind die Gemeinden weisungsgebunden, der Bürgermeister ist für die Ausführung dieser Aufgaben verantwortlich. Zu diesen Aufgaben zählen z. B. die Durchführung von Wahlen, die Volkszählung, das Meldewesen und das Standesamt.

> In Angelegenheiten des **autonomen Wirkungsbereichs** handeln die Gemeinden frei von Weisungen, unterstehen aber der staatlichen Aufsicht. In diesem Bereich gibt es freiwillige und gesetzlich vorgeschrieben Aufgaben, zu letzteren zählen z. B. die Verwaltung des Gemeindevermögens, die Einhebung der Gemeindesteuern, die Bestellung der Gemeindeorgane und -bediensteten, die örtliche Bau-, Feuer- und Gesundheitspolizei und die örtliche Raumplanung."[125]

Im Zweifelsfall findet sich die tourismuspolitische Macht und Kompetenz auf der Landesebene. Bei Missachtung der Autonomie durch Gemeinden kann das Land auf Artikel 17 der Bundesverfassung zurückgreifen:

> „Durch die Bestimmungen der Art. 10 bis 15 über die Zuständigkeit in Gesetzgebung und Vollziehung wird die Stellung des Bundes und der Länder als Träger von Privatrechten in keiner Weise berührt."[126]

In diesem Sinn sind die Kommunen nicht als Veto-Player gegenüber den Entscheidungsträgern auf Landesebene zu werten, da ihnen die Hände finanziell und

---

124Vgl.: Feilmayer (2007, S. 125-126)
125Austria Forum (2009)
126Bundes-Verfassungsgesetz, Artikel 17, Dokumentnummer NOR40045744 (2004)

rechtlich gebunden sind. Für Probleme im alltäglichen Bereich gibt es einen Spielraum. In tourismuspolitischen Diskussionen mit der Landesebene fehlt die Macht. Es findet sich in der Interaktion von Land und Gemeinde ein Drop-Down Verfahren, Bottom-Up findet nicht statt. Der Anteil an KMUs in den Gemeinden ist hoch, für diese bieten die Gemeinden und Tourismusverbände eine wichtige Anlaufstelle und beide Institutionen sind der essentielle Bestandteil des Tourismus in den Kommunen.[127] Unter einem Tourismusverband versteht man in den Bundesländern Burgenland, Oberösterreich, Salzburg, Steiermark, Tirol und Wien eine Körperschaft öffentlichen Rechts, also eine neutrale Rechtspersönlichkeit mit wechselnden Mitgliedern mit Pflichtmitgliedschaft. Wichtiges Ziel ist dabei die Interessensfindung und -artikulation der Teilnehmer, die rechtlichen Grundlagen (vor allem Organisation, Handlungsfeld und Aufgaben) sind in der Landesgesetzgebung festgeschrieben.[128]

In der Aufgabenverteilung können die Kompetenzen zwischen Gemeinden und Tourismusverbänden variieren, z.B. bei der Einhebung und Kontrolle des Abgabe- und Meldewesens. Zudem findet sich häufig eine Beteiligung der kommunalen Institutionen an Infrastruktur mit touristischen Nutzungszweck. Dabei hält die Gemeinde und/oder der Tourismusverband Anteile von Einrichtungen wie Schwimmbädern, Seilbahnen, Kongresszentren, usw. Durch diese Kooperationen auf kommunaler Ebene sind bestimmte touristische Projekte erst umsetzbar, da es sonst an finanziellen Mitteln fehlen würde und private Investoren meist ein hohes Risiko tragen müssten. Während die wirtschafts- und beschäftigungspolitischen Bereiche auf Gemeindeebene eine wenig gewichtige Rolle spielen, so sind die Verkehrs- und Umweltpolitik sehr präsente Faktoren in der Gestaltung. Alltägliche Probleme in einzelnen Orten liegen in der Optimierung entsprechender Verkehrsanbindungen, Parkraumverteilung und Instandhaltung von Wegen und Straßen. Es muss auch eine intakte Infrastruktur in der Zulieferung und Entsorgung geboten werden und in Katastrophenfällen sind entsprechende Mittel zur Verfügung zu stellen. In den genannten Handlungsfeldern werden häufig auch ökologische Probleme aufgeworfen, eine Interaktion zwischen Gemeinde/Tourismus-verband und Akteuren des Naturschutzes sollte daher im positiven Sinn passieren. Interaktionen in der Kommune passieren, z.B. mit den Bundesforsten, den Fischervereinen, den Landwirten, den Agrargemeinschaften, usw. Die Felder sind Parameter für den touristischen Erfolg einer Region oder Gemeinde. Für die kommunalen Akteure bietet die Tourismusgesetze den Rahmen.[129]

---

127Vgl.: Feilmayr (2007, S. 125-126)
128Vgl.: Hartl (2011, S. 29-31)
129Vgl.: Feilmayr (2007, S. 125-126)

# 4.1.4 Kammern:

Die drei großen Kammerorganisationen in Österreich sind die AK, WKÖ und LAWIK, sie leisten einen erheblichen Anteil an der Entwicklung von Tourismuspolitik. Sie sind im informellen Rahmen dazu angehalten sich in den tourismuspolitischen Entscheidungsprozess einzubringen. Daher können die Kammern als Veto-Player klassifiziert werden. Jede Kammerorganisation verfügt über Spezialwissen in diversen Bereichen, so ist die WKÖ in Fragen der Wirtschaft und Beschäftigung involviert, die AK nimmt dazu häufig eine oppositionelle Haltung ein. In Diskussionen zur Umwelt- und Naturpolitik werden die Einschätzungen der LAWIK in den politischen Prozess eingearbeitet. Durch den Aufbau der WKÖ und der AK, mit Einfluss im Bund, im Land und über Mitglieder auf kommunaler Ebene, ist es möglich, eine Vielzahl an Akteuren in eine Diskussion einzubinden. In Salzburg galt, z.B. die Wirtschaftskammer als treibender Motor für eine Erstellung und Ratifizierung des Tourismusgesetzes in den 1980er Jahren. Dieser historische Sachverhalt zeigt den informellen Charakter in der Interaktion zwischen Landesregierung und Kammern, ähnlich verhält es sich in der Sozialpartnerschaft.[130]

## 4.1.4.1 WKÖ:

Viele der wirtschaftlichen Belange in Österreich werden durch die WKÖ und ihre Landesorganisationen eruiert und zusammengefasst. Dabei fungiert die Kammer als Link zwischen den Unternehmern und den politischen Entscheidungsträgern, im Selbstverständnis weist sich die WK als Sprachrohr der KMUs und Großbetriebe aus. In der Sparte Tourismus und Freizeitwirtschaft sind die touristischen Fachgruppen zusammengefasst und für eine Interaktion abrufbar. Politische Regelungen gibt die WK an die Betriebe und Arbeiter weiter. Im Gegenzug finden Ideen von Betrieben Eingang in die Diskussion auf politischer Ebene. Beispiele hierzu sind Debatten zum Nichtraucherschutz, zum Abgabewesen, zu Kollektivverträgen, zu den Rechten und Pflichten, usw.[131]

Die Wirkungsbereiche der WK können noch exakter in drei Felder aufgeteilt werden. So kommt ihr die Beratungsfunktion von Einzelmitgliedern zu: Bei rechtlichen und

---

130Vgl.: Schmidt (1990, S. 399-401)
131Vgl.: WKÖ, Fachverbände

wirtschaftlichen Sachverhalten, im Steuerwesen und Arbeitsrecht, bei Bildungs- und Schulungsfragen (WIFI). Ein weitere Aufgabe liegt in der Anwaltsfunktion: Gegen andere Sparten und den Staat, Begutachtung von Gesetzen, Mitwirkung an der Gesetzgebung und Kollektivverträgen, Vermittler zwischen den Interessen diverser Sparten. Als dritte Kompetenz gilt die Behördenfunktion. Dies umfasst die Zeugnisausstellung, die Konstruktion von Schiedsgerichten, die Prüfungsabnahme und den Beisitz in gerichtlichen Auseinandersetzungen (Arbeits- und Schiedsgericht).[132]

## 4.1.4.2 AK:

Ein wichtiges Anliegen der AK liegt im Schutz der Arbeitnehmer und wird als Vertretung derselben gesehen. Hauptsächlich agiert die AK als oppositionelle Kraft zur WKÖ; im Fokus steht die Nachhaltigkeit der Tourismuspolitik für die Beschäftigten und nicht in erster Linie die Wirtschaftlichkeit. Wichtigste Forderung ist dabei die qualitative Steigerung der Rechte und Pflichten für Arbeitnehmer. Eine Verbesserung der Arbeitsbedingungen in touristischen Unternehmen gilt als Ziel. Ein effizientes System mit entsprechenden Parametern des Arbeitnehmerschutzes sollte im Rahmen der Tourismuspolitik gestaltet werden. Als Eckpfeiler sind Qualifikation, Motivation und ein gerechtes Lohnniveau aufzuzählen. Diese Zielsetzungen vertritt die AK in den Diskussionen zur Tourismuspolitik, sowohl auf Landes als auch auf Bundesebene.

Als Beispiel der Interaktion zwischen AK und WK dient die Diskussion zur Thematik der Ortstaxenanpassung in Salzburg: Jahrelang wurden Debatten darüber geführt, da es zu keiner Indexanpassung der Kur- und Ortstaxen kam. Konträr zur WK war hierbei die AK ein primärer Verfechter der Änderungen in diesem Bereich. Vor allem für die Tourismusverbände gestaltete sich die mangelnde Flexibilität in der Ortstaxenfrage schwierig, der Spielraum war durch die fehlenden finanziellen Wahlmöglichkeiten sehr eingeschränkt. Die AK forderte eine Angleichung der Gesetzeslage an andere Bundesländer (Tirol und Vorarlberg zeigten hier eine höhere Flexibilität) und war mit diesem Vorhaben schlussendlich erfolgreich.[133]

---

132 Vgl.: Ebner, Klambauer, Steindl (1985, S. 85-90)
133 Vgl.: APA, AK: Tourismuspolitik besser durchdenken (1998)

Zu den Wirkungsbereichen der AK kann zusammenfassend festgehalten werden, dass es eine Einteilung nach Referaten mit diversen Themen gibt. Diese sind Recht, Sozialversicherung, Bildung, Lehrlinge und Jugendschutz, usw. Daneben hat die AK in den vergangenen zwei bis drei Jahrzehnten eine Entwicklung zur Informationsstelle vollzogen. Das bedeutet, dass die Bürgernähe durch das Berufsförderungsinstitut (BFI) und die Funktion als Serviceeinrichtung hervorgehoben wird. In der politischen Diskussion und Entscheidungsfindung kann die AK, analog zur WK, am Begutachtungsverfahren von Landes- und Bundesgesetzen teilnehmen[134]

## 4.1.4.3 LAWIK:

Durch die Tourismusgesetzgebung in den Bundesländern kommt auch der Landwirtschaftskammer eine Verantwortung zu. In erster Linie vertritt sie die Interessen der landwirtschaftlich Berufstätigen, deren Hauptaufgaben in der landschaftlichen Pflege und Naturerhaltung liegen. Im Zuge der Weiterentwicklung des Tourismus und der Tourismuspolitik wurde der Aufgabenbereich der LAWIK vergrößert, da eine Vielzahl an Bauern im touristischen Bereich tätig wurde. In diesem Sachverhalt findet sich ein Auslöser für das Bauernsterben in Österreich: Viele landwirtschaftliche Betriebe wurden durch das Aufkommen des Tourismus aufgegeben, da die Bauern einem touristischen Beruf nachgehen wollten oder mussten. Trotzdem gibt es nach wie vor den Bauernstand, der für das landschaftliche Erscheinungsbild primär Sorge trägt. Ohne diesen würde die geografische Prägung und ein gepflegtes Kulturland fehlen. Sowohl Skipisten im Winter als auch landschaftliche Schönheiten entfalten sich erst durch die Arbeit der österreichischen Bauern.[135] Die Wirkungsbereiche der LAWIK können in vier Ausprägungen unterteilt werden. Grundsätzlich ist die LAWIK die Vertretung der Interessen der Landwirte, auch für touristischen Belange. Eine zweite Funktion kommt ihr als Informationsquelle und Berater bei Fragen zum Vermieterwesen (z.B. Urlaub am Bauernhof) zu. Als dritter Punkt wird die Funktion als finanzielle Anlaufstelle genannt. Die LAWIK kann Kredite anbieten und entsprechende finanzielle Unterstützung geben. Analog zur WK und zur AK steht es der LAWIK zu, bei der tourismuspolitischen Gesetzgebung eine Begutachtung anzuwenden.[136]

---

134 Vgl.: Ebner, Klambauer, Steindl (1985, S. 92-93)
135 Vgl.: Haas, Hoffmann, Luger (1994, S. 161)
136 Vgl.: Ebner, Klambauer, Steindl (1985, S. 93)

## 4.1.4.4 Weitere Akteure:

Neben bereits erwähnten Verwaltungs- und öffentlich-rechtlichen Körperschaften gibt es noch weitere Akteure in der Sphäre der Tourismuspolitik. Zwei Ausformungen, die als öffentlich rechtliche Körperschaften gelten, sind noch zu nennen: Einige Landestourismusorganisationen und die Kurfonds. Die Landes-Tourismus-Organisationen versuchen als Bindeglied für das Marketing zwischen der ÖW und den TVBs zu agieren, dabei wird die Kommunikation zu den Orts- und Regionalverbänden gesucht und ein vernetztes Marketing mit der ÖW produziert. Im politischen Diskurs gelten die Landestourismusorganisationen als Informationsquelle für zukünftige Entwicklungen im Bereich Marketing und in der Definition der Herkunftsländer der Gäste.[137] Bei den Kurfonds handelt es sich um Rechtspersönlichkeiten im Kur- und Thermalwesen, es gelten eigene Bestimmungen für Kurgemeinden in finanziellen und arbeitstechnischen Belangen.[138]

Privatrechtliche Vereine und Verbände spielen eine zusätzliche Rolle, als wichtigste Vertreter gelten folgende Akteure: die ÖHV, der Österreichische ReiseVerband[139],der Bundesverband österreichischer Tourismusmanager (BÖTM) mit seinen fünf Landesgruppen in Oberösterreich, Niederösterreich, Salzburg, Tirol und Vorarlberg[140], Beste Österreichische Gastlichkeit (BÖG), der Österreichische Gastwirteverband, der Veranstalterverband Österreich, der Österreichische Heilbäder- und Kurorteverband (ÖHKV), das Austrian Convention Bureau, der Verband Alpiner Vereine Österreichs (VAVÖ), die Automobilclubs (ÖAMTC und ARBÖ), der Österreichische Gewerkschaftsbund (ÖGB), die lokalen und regionalen Aktionsgemeinschaften, diverse Bürgerbewegungen und einzelne Unternehmen.

In entsprechenden politischen Debatten werden die Kompetenzen der oben angeführten Akteure genutzt, um die Effizienz in der Entscheidungsfindung zu steigern. Es kann aber auch hier zu einer Konfliktsituation kommen, bei einem Aufeinandertreffen von unterschiedlichen Interessen ist eine sorgfältige Verhandlung nötig. Zudem ist es möglich, dass es zu einer Verschränkung bzw. einem Ausschließen der Akteure in Verhandlungen

---

137Vgl.: Ebner, Klambauer, Steindl (1985, S. 85)
138Vgl.: Land Salzburg, Landesgesetzblatt (2006, S. 209-210)
139Vgl.: Ebner, Klambauer, Steindl (1985, S. 85)
140Vgl.: TAI, Smart & Social stellen Tourismus auf den Kopf (2011)

kommt, z.B. wenn Landestourismusorganisationen und der Bund österreichischer Tourismusmanager zu einer Thematik befragt werden, in der beide die gleiche Position vertreten müssen, da ein gemeinsames Ziel vorhanden ist.[141] Im Zuge der Strategieentwicklung in Oberösterreich wurde eine grafische Aufspaltung der Akteure vorgenommen. Diese können im politischen Diskurs als mögliche Akteure in allen Bundesländern auftreten. Abbildung 10 ist als mögliches Akteurs-Szenario der politischen Diskussion zu sehen. Die politischen Entscheidungsträger im Bundesland bleiben die Landesregierung und der Landeshauptmann, die Akteure können ihre tourismuspolitischen Interessen in Diskussionen einbringen. Der Bund und die Kammern finden sich in der Veto-Player Theorie und in der Abbildung 10, als politische Entscheidungsträger sind sie in der Lage die Entscheidungen und Positionen der Landesregierung und des Landeshauptmannes zu unterstützen.

Die Akteure sind in der Lage das zukünftige Potenzial im Tourismus aufzeigen und an die politischen Entscheidungsträger weiterzuleiten. In die Tourismuspolitik können damit Fachmeinungen eingebracht werden, diese beeinflussen die tourismuspolitischen Entscheidungsträger. Informationen zum realen Ablauf von Tourismus sind durch die allgemeinen Akteure erhältlich und es gibt Rückmeldungen zur Wirkung von Tourismuspolitik an die politischen Entscheider.[142]

---

141Vgl.: Ebner, Klambauer, Steindl (1985, S. 85)
142Vgl.: Landesregierung Oberösterreich (S. 9)

## Abbildung 10: Akteure des Tourismus in Oberösterreich

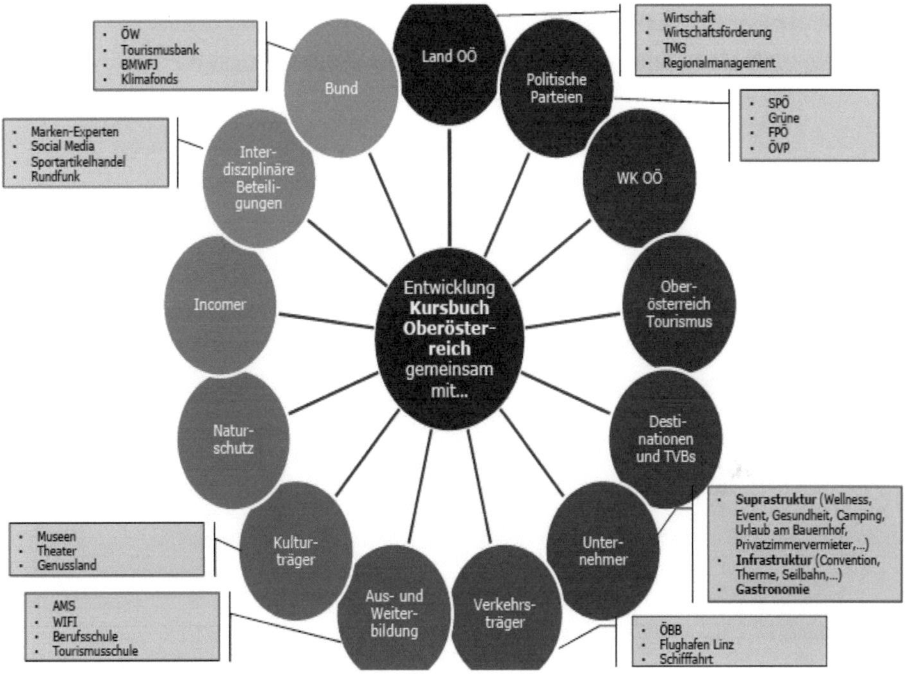

Quelle: Landesregierung Oberösterreich (S. 9)

# 4.2 Spezifika in den Bundesländern:

Zwischen den neun Bundesländern gibt es Unterschiede in der Auffassung und Notwendigkeit von Tourismuspolitik, dementsprechend ist die Schwerpunktsetzung nicht überall gleich. Generelle Unterschiede gibt es in den geografischen Gegebenheiten und in der flächenmäßigen Ausbreitung der Länder. Der Westen Österreichs ist durch die Alpentäler geprägt, im Osten sind die Donau und die Hügellandschaften charakteristisch. Diese Sachverhalte sind aber als nicht politisch anzusehen und spielen in der Tourismuspolitik keine direkte Rolle. Was aus den Gegebenheiten gemacht werden kann, das ist entscheidend für die politischen Entscheidungsträger. Die sechs Erklärungen bzw. Annahmen in Kapitel 2 sind die Faktoren, die für die Umsetzung von Tourismuspolitik wichtig sind. Dient also ein touristisches Projekt der Stärkung von strukturschwachen Regionen oder ist zukünftiges touristisches Potenzial erkennbar, dann wird die Tourismuspolitik für eine Umsetzung plädieren. Interesse an Tourismuspolitik besteht dann, wenn die Wirtschaft gestärkt und Arbeitsplätze generiert werden.

Der Fokus in Salzburg und Tirol liegt beispielsweise auf dem Wintertourismus mit Alpinsport, in der Südoststeiermark ist dies durch das Fehlen entsprechender Berge gar nicht möglich. Tourismuspolitisch wird darauf eingegangen und, z.B. mit den Faktor Industrialisierung oder zukünftiges touristisches Potenzial in Verbindung gebracht. Die Bettenauslastung in Tabelle 5 lässt Rückschlüsse auf den Grad der Wirtschaftlichkeit und potenzielle touristische Entwicklungen zu. Ein hoher Wert zeugt sowohl von einer großen Initiative als auch vom vorhandenen Tourismuspotenzial.

## Tabelle 5: Bettenauslastung im Sommer und Winter in Prozent

| Winter (November bis April) | | | | |
|---|---|---|---|---|
| Jahr | 1998/99 | 2003/04 | 2008/09 | 2012/13 |
| Burgenland | 15,7 | 19,4 | 21,6 | 22,1 |
| Kärnten | 16,3 | 19,7 | 22,5 | 20,9 |
| Niederösterreich | 17,9 | 19,5 | 21,2 | 21,8 |
| Oberösterreich | 18,3 | 20,5 | 21,9 | 23,5 |
| Salzburg | 32,8 | 36,9 | 38,3 | 38,9 |
| Steiermark | 23,2 | 24,7 | 26,4 | 26,8 |
| Tirol | 34,2 | 40,1 | 40,9 | 41,9 |
| Vorarlberg | 33,7 | 36,9 | 37,6 | 39,1 |
| Wien | 41,9 | 47,5 | 44,5 | 46 |
| | | | | |
| Sommer (Mai bis Oktober) | | | | |
| Jahr | 1999 | 2004 | 2009 | 2013 |
| Burgenland | 36,5 | 36,4 | 39,6 | 37,5 |
| Kärnten | 27,7 | 29,2 | 29,7 | 31,1 |
| Niederösterreich | 31,3 | 30,8 | 30,9 | 30,4 |
| Oberösterreich | 31,7 | 31,4 | 32 | 33,9 |
| Salzburg | 25,8 | 26,7 | 27 | 30 |
| Steiermark | 28,4 | 25,9 | 28 | 30 |
| Tirol | 26,4 | 26,6 | 26,6 | 28,7 |
| Vorarlberg | 24,4 | 25,8 | 25,7 | 27,7 |
| Wien | 58,9 | 60,4 | 56,8 | 59,5 |

Quelle: Eigendarstellung, Daten von Statistik Austria: Ankünfte, Nächtigungen

Mit Hilfe der touristischen Positionierung des Bundeslandes kann eine Übersetzung der Vorhaben der tourismuspolitischen Entscheidungsträger erfolgen. Eine effiziente Tourismuspolitik wird dadurch vereinfacht und inhaltlich der Allgemeinheit vermittelt. Wichtig ist eine Betrachtung der einzelnen Bundesländer, um die spezifischen Gegebenheiten herauszufiltern. Es lassen sich die Unterschiede in der Tourismuspolitik durch eine Charakterisierung der Bundesländer herausarbeiten.[143]

---

143Vgl.: Statistik Austria, Ankünfte, Nächtigungen

## 4.2.1 Burgenland:

**Einwohner:** 287.354[144]

**Betriebe:** 1.251 zwischen November 2012 und Oktober 2013

**Gästebetten:** 24.514 zwischen November 2012 und Oktober 2013[145]

**Nächtigungen im Jahr 2013:** insgesamt 2.853.366[146]

Das östlichste Bundesland Österreichs kann quantitativ nicht mit den Westlichen mithalten, in der Nächtigungsstatistik findet man das Burgenland an letzter Stelle. Dies bedeutet aber nicht, dass es keine touristischen Entwicklungen gibt, ganz im Gegenteil. Rund um den Neusiedlersee findet sich eine Vielzahl an Seebädern, Burgen und ein großes kulinarisches Angebot. Eine Positionierung des Burgenlandes weist es als den Gemüsegarten Österreichs aus. Die touristischen Themen für das Burgenland sind zusammengefasst: Kultur, Essen und Trinken, Naturgenuss und Wellness. Die Landwirtschaft und der Wein gelten als qualitative Merkmale, daneben kann man weitläufige Radtouren unternehmen und den Badeurlaub genießen.[147]

> „Aber nicht nur was die Veranstaltungen im Rahmen des Burgenländischen Kultursommers betrifft: auch darüber hinaus hat sich das Burgenland zu einem bedeutenden Kulturland entwickelt, die Vielfalt und Qualität der Kunst und es [sic] kulturellen Angebots ist der Reichtum des Burgenlandes."[148]

In wirtschaftlicher Hinsicht spielt der Tourismus eine wichtige Rolle, neben finanziellen Einnahmen geht es hier auch um Arbeitsplatzbeschaffung. Eine weitere Steigerung der Nächtigungen auf 3,5 Mio. und die Standortfixierung für Arbeit sind die erklärten Ziele der tourismuspolitischen Entscheidungsträger des Landes. Erwähnenswert ist die verkehrstechnisch gute Anbindung an Wien und an den Flughafen Schwechat, damit kann das Ziel der Nächtigungssteigerung durchaus realisiert werden. Weitere Strategien sehen eine Internationalisierung vor. Dazu sollte eine Verbesserung der strukturellen Gegebenheiten in Unterkünften umgesetzt werden, das bedeutet, eine Forcierung im qualitativen Sinne bei

---

144Vgl.: Statistik Austria, Bevölkerungszahl Österreichs stieg auf über 8,5 Mio. zu Jahresbeginn 2014, Pressemitteilung: 10.725-034/14

145Vgl.: Statistik Austria, Anzahl der Betriebe und Betten nach Bundesländern und Unterkunftsarten 2013

146Vgl.: Statistik Austria, Ankünfte und Nächtigungen im Tourismus-Kalenderjahr (2003 bis 2013)

147Vgl.: Land Burgenland (2010, S. 13-14)

148Land Burgenland (2010, S. 14)

allen Betriebskategorien und die Schaffung von Leitbetrieben. Das Interesse an Tourismuspolitik ist vorhanden und wird durch das zukünftige touristische Potenzial und die Stärkung strukturschwacher Regionen gestützt. Als Industriestandort ist das Burgenland nicht ausgewiesen, daher forcieren die politischen Entscheidungsträger eine wirtschaftliche Stärkung durch Tourismus.[149]

Die Organisation in tourismuspolitischer Hinsicht ist im Burgenland ähnlich zu den anderen Bundesländern strukturiert. Das Tourismusgesetz von 1992 regelt die Abläufe und liegt als rechtlicher Rahmen zu Grunde. Als oberste Instanz agiert die Landesregierung und der Landeshauptmann, darunter erfolgt eine Gliederung in Landes-, Regional- und Ortsverband. Für Kurorte gilt das Kur- und Heilvorkommengesetz des Burgenlandes, dies betrifft die beiden Orte Bad Tatzmannsdorf und Bad Sauerbrunn. Zusätzlich zu den beiden genannten Gesetzen findet sich noch eine dritte Ausprägung: Das Burgenländische Camping- und Mobilheimplatzgesetz aus dem Jahr 1982.

Für die Abteilung Tourismus der Landesverwaltung sind folgende operative Aufgaben und Zuständigkeiten festgehalten: Erstellung von Statistiken, Informationsstelle für die Tourismusgesetzgebung, Ortsklassenerstellung per Verordnung, Errichtung und Auflösung von Tourismusverbänden per Verordnung, Koordination und Kontrolle des Abgabewesens per Verordnung, Funktion als Berufungsinstanz für Tourismusförderungen, Vollziehung der Gesetzgebung und Informationsstelle für Tourismusverbände.[150] Eine Verbesserung und Optimierung des Tourismusgesetzes wird derzeit durchgeführt. Ein Konfliktpunkt sind, z.B. die Regionalverbände. Hierzu gibt es Kritik von kommunalen Akteuren, diese sind einzelne Betriebe und/oder örtliche TVBs. Die Tourismuslandesrätin zeigt sich aber nur indirekt davon beeindruckt und ist von der Tourismuspolitik des Burgenlandes überzeugt.[151] Zusätzlich wurde im Burgenland ein Programm zur Tourismusförderung und Verbesserung der Strukturschwäche eingerichtet, dieses wird durch EU Fördergelder gespeist.[152]

---

149Vgl.: Land Burgenland (2010, S. 13-14)
150Vgl.: Land Burgenland, Tourismusgesetz
151Vgl.: Kurier, Hoteliers fordern neues Tourismusgesetz (2013)
152Vgl.: Burgenländische Landesregierung (2009, S. 29-32)

## 4.2.2 Kärnten:

**Einwohner:** 555.637[153]

**Betriebe:** 8.757 zwischen November 2012 und Oktober 2013

**Gästebetten:** 127.758 zwischen November 2012 und Oktober 2013[154]

**Nächtigungen im Jahr 2013:** insgesamt 12.515.379[155]

Charakteristisch für das südlichste Bundesland Kärnten sind die vielen Seen, die Berge und das Klima mit mediterranem Einfluss. Tourismuspolitische Umsetzungen und Entscheidungen zielen auf verstärkten Sommertourismus ab, es werden etwa 74% der Nächtigungen in der warmen Jahreszeit erzielt und rund ein Viertel fällt auf die Wintersaison. Touristische Hochburgen des Sommers findet man entlang der vielen Seen in Kärnten, u.a. Millstätter See, Wörthersee und Klopeiner See. Dort wird dem Badeurlaub nachgegangen und zusätzlicher Ausgleich durch Radfahren und Wanderungen geschaffen. Die Zentren des Wintersports liegen eher im Westen des Bundeslandes, diese sind Hermagor, Bad Kleinkirchheim, Rennweg und Heiligenblut.[156] Leider verzeichnet Kärnten, im Gegensatz zu anderen Bundesländern, in den letzten Jahren einen leichten Rückgang an Nächtigungen. Das Interesse an Tourismuspolitik ist von den politischen Entscheidungsträgern in den Hintergrund gerückt. Eine fehlende touristische Positionierung und eine wenig effiziente Organisation sind die Resultate.[157] Im Zuge dessen wurde das vormals beinahe 50 Jahre alte Tourismusgesetz erneuert und ist mit 01.01.2013 in Kraft getreten.[158] Regelungen im neuen Gesetz sollten die eigenmächtigen Tendenzen und Entwicklungen in der Organisation verbessern und eine Koordination wird angestrebt. Die Notwendigkeit zur Festschreibung der tourismuspolitischen Kompetenzen bestand im Vorfeld. Für die Akteure ist Aufgabenverteilung durch das Tourismusgesetz geregelt. Zusätzlich kommt es zu einer Beendigung der Doppelgleisigkeit in der Verwaltung.[159]

---

153Vgl.: Statistik Austria, Bevölkerungszahl Österreichs stieg auf über 8,5 Mio. zu Jahresbeginn 2014, Pressemitteilung: 10.725-034/14
154Vgl.: Statistik Austria, Anzahl der Betriebe und Betten nach Bundesländern und Unterkunftsarten 2013
155Vgl.: Statistik Austria, Ankünfte und Nächtigungen im Tourismus-Kalenderjahr (2003 bis 2013)
156Vgl.: Tourismusstatistik Kärnten (2013)
157Vgl.: Kärntner Wirtschaftsförderungs Fonds (2007, S. 9 und S. 15-16)
158Vgl.: Kleine Zeitung, Tourismusgesetz trat mit 1. Jänner in Kraft (2013)
159Vgl.: Landesregierung Kärnten (2011)

## 4.2.3 Niederösterreich:

**Einwohner:** 1.625.335[160]

**Betriebe:** 3.251 zwischen November 2012 und Oktober 2013

**Gästebetten:** 69.949 zwischen November 2012 und Oktober 2013[161]

**Nächtigungen im Jahr 2013:** insgesamt 6.532.632[162]

Niederösterreich bietet im touristischen Sinn neben dem Donauraum die Möglichkeit der Besichtigung von Klöstern und Schlössern. Sachverhalte, die diesen Raum betreffen, sind im Tourismusgesetz des Landes eingearbeitet und geregelt. Im Selbstverständnis des Bundeslandes finden zusätzlich noch die Fokussierungen auf Kulinarik und Wein ihren Eingang in den Agenden der Tourismusstrategie. Dieser Punkt wird vergleichsweise auch im Burgenland in Debatten behandelt und sollte wirtschaftliche Verbesserungen bringen. In der Tourismusstrategie Niederösterreichs spricht man von der Vermittlung von Lebenskultur, dazu sollten Tages- und Gruppenreisen, neben den Individualreisen, einen entscheidenden Beitrag leisten. Außerdem sind die Themen Gesundheit und Bergerlebnis noch weiter zu forcieren. Letzteres kann als einzige Ausformung des Wintertourismus in Niederösterreich gesehen werden. Die Skigebiete finden sich im südlichen Teil des Bundeslandes, z.B. das Gebiet um die Rax und der Semmering. Für den Einzugsraum Wien spielen diese eine wichtige Rolle. Generell sind als touristische Einzugsräume Österreich und die benachbarten Länder Tschechien, Ungarn und Slowakei zu nennen. Die Nächtigungsstatistik der letzten zehn Jahre verweist auf eine erfolgreiche Steigerung von ca. 1 Mio. Nächtigungen, auch wenn im Jahr 2013 ein Minus verzeichnet wurde. Durch diesen Sachverhalt zeigt sich, dass die generelle Positionierung der Tourismusregion als Erfolg der tourismuspolitischen Diskussionen und Entscheidungen gewertet werden kann.

---

160 Vgl.: Statistik Austria, Bevölkerungszahl Österreichs stieg auf über 8,5 Mio. zu Jahresbeginn 2014, Pressemitteilung: 10.725-034/14

161 Vgl.: Statistik Austria, Anzahl der Betriebe und Betten nach Bundesländern und Unterkunftsarten 2013

162 Vgl.: Statistik Austria, Ankünfte und Nächtigungen im Tourismus-Kalenderjahr (2003 bis 2013)

Die Interessen der politischen Entscheidungsträger sind in einer erfolgreichen Tourismuspolitik gebündelt. Die Landesregierung und der Landeshauptmann haben die Entscheidungen zum Wohl der Tourismusbranche fällen können. Eine Legitimation und Machtstärkung geht damit einher. Um erfolgreich Tourismuspolitik zu machen, haben sich die politischen Entscheidungsträger in Niederösterreich auf die Ressourcennutzung kultureller Gegebenheiten und zukünftiges touristisches Potenzial konzentriert. [163]

---

163Vgl.: Landesregierung Niederösterreich (2011, S. 11-18)

## 4.2.4 Oberösterreich:

**Einwohner:** 1.425.218[164]

**Betriebe:** 3.576 zwischen November 2012 und Oktober 2013

**Gästebetten:** 69.345 zwischen November 2012 und Oktober 2013[165]

**Nächtigungen im Jahr 2013:** insgesamt 7.080.831[166]

Oberösterreich kann durch eine vielschichtige Landschaft überzeugen, im Süden finden sich die Alpen, von West nach Ost fließt die Donau und im Norden bietet die Böhmische Masse landschaftliche Schönheit. Naturerlebnisse, Kultur in den Städten (vor allem in Linz, Wels, Steyr, usw.) und Wellness stehen im Zentrum der touristischen Bemühungen. Der sportliche Fokus liegt auf Wandern, Radfahren und Skifahren. Zusätzlich findet der Ausflugs- und Geschäftstourismus Eingang in die tourismuspolitischen Bemühungen. Eine Tendenz zum Ganzjahrestourismus ist gegeben und wird tourismuspolitisch behandelt. Aktuell werden der Großteil der Nächtigungen im Sommer erzielt. Eine thematische Aufteilung der Region sieht in Oberösterreich folgendermaßen aus: Wintertourismus gibt es in den Regionen Phyrn-Priel und im Salzkammergut, Kulturschwerpunkte finden sich in Linz, Wels, Steyr und Salzkammergut, das Mühlviertel bietet sich als Ausflugs- und Wanderziel an und für Wellness sowie Gesundheit stehen das Innviertel und die Kurgemeinden. Der wichtigste Herkunftsmarkt für Oberösterreich ist grundsätzlich Österreich, aber auch Tschechien und Deutschland gelten als potentielle Märkte.[167]

Im Zuge der Strategieerarbeitung wurden Akteure der Tourismuspolitik sowie Verbände/Vereine eingeladen und um Mitarbeit gebeten:

„Das Kursbuch Oberösterreich 2011-2016 ist die bislang erste österreichische, touristische Landesstrategie, die auf Basis eines gemeinsamen Schulterschlusses zwischen Land, Wirtschaftskammer und Landes-Tourismus-Organisation kooperativ erarbeitet, getragen und umgesetzt wird."[168]

---

164Vgl.: Statistik Austria, Bevölkerungszahl Österreichs stieg auf über 8,5 Mio. zu Jahresbeginn 2014, Pressemitteilung: 10.725-034/14
165Vgl.: Statistik Austria, Anzahl der Betriebe und Betten nach Bundesländern und Unterkunftsarten 2013
166Vgl.: Statistik Austria, Ankünfte und Nächtigungen im Tourismus-Kalenderjahr (2003 bis 2013)
167Vgl.: Landesregierung Oberösterreich (S. 11-31)
168Landesregierung Oberösterreich (S. 6)

Dies zeigt, dass die politischen Entscheidungsträger des Landes und die Kammern als oberste Vertreter der Tourismuspolitik wahrgenommen werden sollen. In der Strategie wird darauf hingewiesen, dass das Land die touristischen Prozesse steuert. Der Grad der Industrialisierung ist in Oberösterreich hoch, das bedeutet, dass die Abhängigkeit vom Tourismus bei tourismuspolitischen Entscheidungen nur marginal vorhanden ist. Es lässt sich aber feststellen, dass die Nutzung von kulturellen Gegebenheiten und das Interesse wichtige tourismuspolitische Faktoren darstellen.

## 4.2.5 Salzburg:

**Einwohner:** 534.057[169]

**Betriebe:** 11.409 zwischen November 2012 und Oktober 2013

**Gästebetten:** 210.016 zwischen November 2012 und Oktober 2013[170]

**Nächtigungen im Jahr 2013:** insgesamt 25.805.744[171]

Auf das Bundesland Salzburg wird in der Untersuchung vertieft eingegangen, da durch vorhandenes Eigenwissen eine bessere Darstellung möglich ist. Außerdem ist die zentrale Lage in Österreich ein interessanter Faktor in der tourismuspolitischen Beobachtung. Salzburg bietet eine Nähe zum Reisemarkt Deutschland und liegt verkehrstechnisch nahe an Wien. Die Tourismuspolitik des Bundeslandes muss sich mit vielen Facetten des Tourismus befassen, ein florierender Stadttourismus, der Badetourismus im Flachgau und ein intensiver Wintertourismus in den Gebirgsgauen finden statt. In der Literatur wurde Salzburg bisher auch besser als andere Bundesländer analysiert, siehe Anna Schmidt oder Haas, Hoffmann, Luger.

Im Allgemeinen herrscht in Salzburg der Wintertourismus vor, speziell in den Gebirgsgauen Pongau, Pinzgau und Lungau. Der alpine Skilauf liegt im Zentrum der touristischen Bestrebungen und in der politischen Diskussion findet dies entsprechend Niederschlag. Die Bemühungen rund um diverse Sportveranstaltungen verdeutlichen diesen Standpunkt: Weltcuprennen in Flachau und Zauchensee, die Ski-WM 1991 in Saalbach Hinterglemm, die (nicht erfolgreichen) Olympiabewerbungen des Bundeslandes. Der Sommertourismus ist jedoch auch bedeutend; hier sind die vordergründigen Themen Wandern, Radfahren und Badeurlaub im nördlichen Bundesland. Analog zu Tirol gibt es Unterschiede zwischen dem Tourismus in der Landeshauptstadt und dem kommunalen bzw. regionalen Tourismus am Land. In der Stadt Salzburg stehen die kulturellen Einrichtungen wie die Festspiele, zu Mozart, zu Sound Of Music und zu Christian Doppler im Fokus. Daneben findet sich mit dem Kongresswesen ein entscheidender touristischer Bauteil. Am Land können diese Themen nur schwer umgesetzt werden, meist fehlen der kulturelle Bezug, die

169 Vgl.: Statistik Austria, Bevölkerungszahl Österreichs stieg auf über 8,5 Mio. zu Jahresbeginn 2014, Pressemitteilung: 10.725-034/14

170 Vgl.: Statistik Austria, Anzahl der Betriebe und Betten nach Bundesländern und Unterkunftsarten 2013

171 Vgl.: Statistik Austria, Ankünfte und Nächtigungen im Tourismus-Kalenderjahr (2003 bis 2013)

Infrastruktur und die finanziellen Mittel. Alleine das Kongresswesen wird an weiteren Standorten wie in Bad Hofgastein, Saalfelden, St. Johann im Pongau und Zell am See praktiziert.

In zweiter Linie finden touristische Fokussierungen auch im Bereich Wellness und Gesundheit statt, hier sind Thermen in Gastein und Bad Vigaun bzw. die Badeanstalten in Kaprun und Altenmarkt zu nennen. Ähnlich verhält es sich mit dem kulturellen Tourismus am Land, dieser gilt als weniger wichtig als die oben genannten Hauptaspekte.[172] Logistischer Vorteil von Salzburg ist die verkehrstechnische Anbindung: Es gibt gute Anbindungen von Ost nach West und von Nord nach Süd. Die Tauernautobahn, Tauernbahn und der Flughafen in Salzburg liegen zentral in Österreich, somit finden Gäste aus Mittel- und Nordeuropa (dort liegen auch die großen Herkunftsmärkte) direkt zu der Urlaubsdestination.

Um die Tourismuspolitik auf Landesebene etwas besser zu veranschaulichen, werden die Entwicklungen hier etwas detaillierter geschildert: Ab den 1970er Jahren gab es erste Bestrebungen zur Schaffung eines Salzburger Tourismusgesetzes. Die Fremdenverkehrslandesräte Sepp Baumgartner (FPÖ) und Sepp Wiesner (FPÖ) können als Initiatoren des Tourismusgesetzes genannt werden. Nach dem Ausscheiden der FPÖ aus der Landesregierung übernahm Arno Gasteiger (ÖVP) die Agenden. Nach etwa zehn Jahren der Verhandlungen fand die Beschlussfassung am 25.09.1985 statt. Die ÖVP und FPÖ galten als Befürworter, die SPÖ bezog eine oppositionelle Position. Mit 01.01.1986 trat das Salzburger Tourismusgesetz endgültig in Kraft. Entscheidende Punkte der Schaffung waren der Wille zur gesetzlichen Regelung der Finanzierung und Organisation von Tourismus und eine Verdeutlichung der Abgrenzung der politischen Verantwortlichkeit.[173] In Salzburg werden in der Landesregierung (Stand 2014) folgende touristische Themen von Landeshauptmann Wilfried Haslauer gebündelt: die Wirtschaftspolitik, der Tourismus, die Agenden des Beschäftigungsmarktes, das Gemeindewesen, der Bildungsbereich, Europa und das Feuerwehrwesen.[174]

Damit deckt er als Einzelperson einen Teil der tourismuspolitischen Fachgebiete ab, in der vorangegangenen Legislaturperiode hat er fast alle Bereiche der Tourismuspolitik in

172Vgl.: Huber (2013, S. 27-34)
173Vgl.: Schmidt (1990, S. 399-419)
174Vgl.: Land Salzburg, Landeshauptmann Dr. Wilfried Haslauer

Personalunion vertreten. In der aktuellen Regierung wurden die Felder untergliedert. Zusätzlich sind bei Astrid Rössler die Angelegenheiten des Natur- und Umweltschutzes und der Raumordnung gelagert[175], Hans Mayr steht in den Belangen von Verkehr und Infrastruktur im Dienst der Landesregierung.[176] Der Landeshauptmann Wilfried Haslauer fasst die Aufgaben der Landesregierung so zusammen:

> „Der Salzburger Tourismus ist eine wesentliche Säule unserer Wirtschaft – somit unserer Beschäftigung und Lebensqualität. Umso bedeutungsvoller ist ein koordiniertes Vorgehen von Politik und Wirtschaft, um diese Säule zu sichern und zu stärken. Neben dem landesweiten Marketing und der Tourismuswerbung für unser Land ist es Aufgabe der öffentlichen Hand und damit der Tourismuspolitik, sich ständig über die derzeitige Position unserer Tourismus- und Freizeitwirtschaft am globalen Markt im Klaren zu sein (…) Die Tourismuspolitik nimmt dabei die Rolle des Partners und aktiven Unterstützers ein, indem mit den Unternehmen und den Tourismusorganisationen die Strategien nicht nur gemeinsam erarbeitet, sondern vor allem die Rahmenbedingungen optimiert sowie die Maßnahmenzur Umsetzung von der Politik initiiert und aktiv unterstützt werden.“[177]

Die Landesregierung (mit informeller Hilfe der Kammern) regelt durch entsprechende Gesetze Rahmenbedingungen des Tourismus (hierzu zählen das Tourismusgesetz, Saison- und Ortstaxengesetz und Regelungen der Kredite und Zinszuschüsse).[178] Zusätzlich wurden das Privatzimmervermietungsgesetz, die Gesetzgebung für Skischulen, Gesetze zu Heilwasservorkommen und Kurorten, Regelungen zur Raumordnung, Ausländergrundverkehrs- und Naturschutzgesetz, Regelungen zu den Ladenöffnungszeiten und Bauordnung geschaffen.[179] Die Umsetzung und Kontrolle erfolgt in der Abteilung 1, dort werden touristische Strategien erarbeitet, die Tourismusstatistik erstellt und es erfolgt eine Außenvertretung des Salzburger Tourismus im Sinne der Landesregierung (nicht marketingtechnisch). Des Weiteren gilt die Abteilung 1 als Wachorgan über dem Tourismusrecht, den Tourismusverbänden, den Skischulen, dem Bergführerwesen und ist in Beitragsfragen als Berufungsbehörde tätig.[180]

---

175 Vgl.: Land Salzburg, Landeshauptmann-Stellvertreterin Dr. Astrid Rössler
176 Vgl.: Land Salzburg, Landesrat Hans Mayr
177 Huber (S. 4)
178 Vgl.: Land Salzburg, Vollziehung von tourismusrelevanten Landesgesetzen
179 Vgl.: Schmidt (1990, S. 267)
180 Vgl.: Land Salzburg, Fachbereich 1/04 Tourismus

Im Bundesland Salzburg verhält es sich prinzipiell so, dass 116 von 119 Gemeinden touristisch aktiv sind, als strukturell schwächere Region gilt dabei der Lungau. Der Grad an Professionalisierung ist damit sehr hoch und eine entsprechend starke Position der politischen Entscheidungsträger ist notwendig.[181] Die Landesregierung und die Kammern sind bei einer touristischen Entscheidungsfindung in der Regel immer involviert. Daneben findet sich aber eine weitere Anzahl an etwaigen Partnern. Auf der Website des Landes Salzburg werden sieben Gremien angeführt, in denen es eine Teilnahme durch die Landesregierung gibt und die als Akteure in der Tourismuspolitik gelten können. Vertreter der politischen Entscheidungsträger oder die Handelnden selbst sitzen in der Arbeitsgruppe für Golfanlagen, in der Arbeitsgruppe für Skianlagen, im Gremium für den Nationalpark Hohe Tauern, dem Salzburger Naturschutzbeirat, in der SLTG, im Statistikbeirat und sind im wasserwirtschaftlichen Planungsorgan vertreten.[182]

Zusätzlich sind noch die ÖHV, der Flughafen Salzburg (der für Anbindungen in Richtung Benelux, Großbritannien und Russland wichtig ist), der Handel, die Gemeinden, die Tourismusverbände und regionale Vereinigungen (z.B. Ski amadé), die Skischulen, diverse NGOs und einzelne Betriebe nennenswert. In entsprechenden Diskussionen der Tourismuspolitik werden fachspezifische Erkundigung eingeholt.[183]
Das Verhältnis der Akteure zueinander zeigt diese Ausformung: Grundsätzlich sind die Landesregierung und die Kammern die stärksten Akteure, fast alle tourismuspolitischen Entscheidungen werden schlussendlich von den beiden gestaltet. Der informelle Charakter zwischen WK, AK, LAWIK und Landesregierung findet sich auch auf der Landesebene. Die Regierung steht für die politischen, die WK für die wirtschaftlichen, die AK für die beschäftigungspolitischen Interessen und die LAWIK für die Belange von Umwelt und Natur. Daneben sind die TVBs und Gemeinden der Kontrolle und dem Weisungsrecht der Landesregierung unterstellt, sie sind aber nicht nur ausführende Organe auf kommunaler und regionaler Ebene. Sofern der finanzielle Rahmen es zulässt, so können eigene Projekte ohne direkte Hilfe der Landesregierung durchgeführt werden. Bei einer Interaktion mit der Landesregierung versteht sich ihr Status jedoch als untergeordnet. Für Arbeitsgruppen, Verbände und Vereine, NGOs und die SLTG gilt, das sie ebenso unter der Landesregierung agieren, dies auch fallweise in Kooperation mit den Kammern. Allerdings

181 Vgl.: Haas, Hoffmann, Luger (1994)
182 Vgl.: Land Salzburg, Vertretung der Tourismusbelange des Landes bei diversen Institutionen und Gremien
183 Vgl.: Land Salzburg, Konzeption und Erarbeitung von Strategien (S. 27-31)

können diese als Think Tanks gesehen werden. Das heißt, dass Ideen und Vorhaben durchaus originär von einzelnen Teilnehmern und Gruppen eingebracht und anschließend nur noch abgezeichnet werden. Bei Gegenspielern kann es auch zu einem Abbruch eines Projekts kommen.

Salzburg weist ein sehr hohes Interesse an Tourismuspolitik auf, dies wird im touristischen Fördermitteleinsatz deutlich und in der Fokussierung auf das zukünftige touristische Potenzial. Daneben ist auch eine starke Abhängigkeit vom Tourismus gegeben. In der Stadt Salzburg ist es für die tourismuspolitischen Entscheidungsträger wichtig, dass die kulturellen Gegebenheiten genutzt werden.[184]

---

184Vgl.: Schmidt (1990, S. 450-459)

## 4.2.6 Steiermark:

**Einwohner:** 1.214.738[185]

**Betriebe:** 6.569 zwischen November 2012 und Oktober 2013

**Gästebetten:** 109.715 zwischen November 2012 und Oktober 2013[186]

**Nächtigungen im Jahr 2013:** insgesamt 11.309.604[187]

Die Steiermark hat eine große landschaftliche Vielfalt zu bieten, am ehesten vergleichbar mit Oberösterreich. In der Weststeiermark finden sich große Wintersportzentren. Diese sind in ihrer Größe und Professionalität mit den Wintersportorten in Tirol und Salzburg gleichzusetzen. Vor allem die Region um Schladming gilt als eine der wichtigsten Skidestinationen des Bundes und sie gehört zum Skiverbund Ski amadé, der sich über die Bundesländer Salzburg und Steiermark erstreckt und der größte seiner Art in Österreich ist. Speziell dort wird Tourismus für den Winter gefordert und praktiziert. Als Beispiel kann hier die Ski WM 2013 genannt werden. Im Südosten der Steiermark hingegen bietet sich ein konträres Bild. Dort findet hauptsächlich Sommer- und Herbsttourismus statt. Einerseits überzeugen dort die Möglichkeiten der kulinarischen und landschaftlichen Erlebnisse, andererseits sind die Thermenregionen essentiell. Sommertourismus findet in der Weststeiermark aber auch im Salzkammergut, der Waldheimat, der mittleren Steiermark und in Graz statt. Kulturelle Hochburg ist die Landeshauptstadt, es gibt aber noch weitere Einzelregionen mit kulturellen Erlebnissen, wie z.B. die Waldheimat und Mariazell. Mit einem Anteil von 64% bei inländischen Gästen zählt die Steiermark zum beliebtesten Urlaubsbundesland der Österreicher. Andere Herkunftsmärkte liegen in Ost- und Zentraleuropa und den Beneluxstaaten.[188]

Politisch wird in der Steiermark die Gründung von Regionalverbänden forciert. Dem zugrunde liegt der Sachverhalt der Gemeindezusammenlegung. Das Tourismusgesetz regelt, analog zu den anderen Bundesländern entsprechende Kompetenzen der Tourismusverbände und Landestourismusorganisation. Durch den hohen Grad an

---

185Vgl.: Statistik Austria, Bevölkerungszahl Österreichs stieg auf über 8,5 Mio. zu Jahresbeginn 2014, Pressemitteilung: 10.725-034/14
186Vgl.: Statistik Austria, Anzahl der Betriebe und Betten nach Bundesländern und Unterkunftsarten 2013
187Vgl.: Statistik Austria, Ankünfte und Nächtigungen im Tourismus-Kalenderjahr (2003 bis 2013)
188Vgl.: Landesregierung Steiermark (S. 10-54)

Industrialisierung, sind die tourismuspolitischen Entscheidungsträger weniger an der Wirtschaftsleistung von Tourismus interessiert. Die Stärkung schwacher Regionen und das zukünftige touristische Potenzial beeinflussen hingegen die Tourismuspolitik.[189]

---

189Vgl.: Land Steiermark, Steiermärkisches Tourismusgesetz 1992

# 4.2.7 Tirol:

**Einwohner:** 721.732[190]

**Betriebe:** 23.098 zwischen November 2012 und Oktober 2013

**Gästebetten:** 350.791 zwischen November 2012 und Oktober 2013[191]

**Nächtigungen im Jahr 2013:** insgesamt 45.064.344

Die unbestrittene Hochburg des Tourismus in Österreich ist Tirol. Über 45 Mio. Nächtigungen im Jahr unterstreichen diese These. Das gesamte Bundesland ist auf Tourismus ausgelegt, kaum ein Ort weist nicht Tendenzen dieser Branche auf. Sehr wenige Gemeinden und Städte sind zudem als Industriestandorte zu klassifizieren. Am ehesten zählen hierzu noch Innsbruck mit Umgebung, Imst, Kufstein mit Umgebung, Wattens und Telfs. Wenn man Salzburg und Tirol zusammennimmt, dann fallen auf diese beiden Bundesländer mehr als 50% aller Nächtigungen in Österreich. Hauptaugenmerk wird auf den Wintertourismus und alpinen Skisport gelegt. In den Statistiken zum Winterhalbjahr 2011/12 finden sich fünf Tiroler Gemeinden in den Top Ten, Salzburg hat im Vergleich drei Orte im Ranking.[192]

### Tabelle 6: Höchste Nächtigungszahlen nach Gemeinden
im Winterhalbjahr 2011/12

| Gemeinden | Inländer-übern. | Ausländer-übern. | Kumulierte* Werte der Ausländer-übernachtungen absolut | Kumulierte Werte in % | Gesamt-übern. im Winter 2011/12 | Kumulierte Werte der Gesamtübernachtungen im Winter 2011/12 absolut | Kumulierte Werte in % |
|---|---|---|---|---|---|---|---|
| 1 Wien | 1.083.238 | 4.045.747 | 4.045.747 | 8,3 | 5.128.985 | 5.128.985 | 8,0 |
| 2 Sölden | 69.382 | 1.837.081 | 5.882.828 | 12,0 | 1.906.463 | 7.035.448 | 10,9 |
| 3 Ischgl | 61.683 | 1.252.517 | 7.135.345 | 14,6 | 1.314.200 | 8.349.648 | 13,0 |
| 4 Saalbach-Hinterglemm | 262.598 | 1.213.897 | 8.349.242 | 17,0 | 1.476.495 | 9.826.143 | 15,3 |
| 5 Sankt Anton am Arlberg | 89.923 | 889.225 | 9.238.467 | 18,9 | 979.148 | 10.805.291 | 16,8 |
| 6 Mayrhofen | 28.130 | 881.917 | 10.120.384 | 20,7 | 910.047 | 11.715.338 | 18,2 |
| 7 Neustift im Stubaital | 18.260 | 757.959 | 10.878.343 | 22,2 | 776.219 | 12.491.557 | 19,4 |
| 8 Lech | 126.534 | 717.929 | 11.596.272 | 23,7 | 844.463 | 13.336.020 | 20,7 |
| 9 Obertauern | 231.186 | 654.975 | 12.251.247 | 25,0 | 886.161 | 14.222.181 | 22,1 |
| 10 Salzburg | 314.104 | 626.860 | 12.878.107 | 26,3 | 940.964 | 15.163.145 | 23,6 |

Quelle: WKÖ, Tourismus und Freizeitwirtschaft in Zahlen (2013, S. 58)

---

190 Vgl.: Statistik Austria, Bevölkerungszahl Österreichs stieg auf über 8,5 Mio. zu Jahresbeginn 2014, Pressemitteilung: 10.725-034/14
191 Vgl.: Statistik Austria, Anzahl der Betriebe und Betten nach Bundesländern und Unterkunftsarten 2013
192 Vgl.: Statistik Austria, Ankünfte und Nächtigungen im Tourismus-Kalenderjahr (2003 bis 2013)

Die meisten erschlossenen Gletscherskigebiete befinden sich in Tirol. Damit wurde in ehemals strukturschwachen Gebieten ein wirtschaftlicher Aufschwung forciert, z.B. im Kaunertal und Pitztal. Insgesamt gab es fünf Gletschererschließungen, zu den beiden genannten kommen noch der Hintertuxer Gletscher, der Stubaier Gletscher und das Gletscherskigebiet im Ötztal hinzu. Vergleichsweise gering fällt das Konkurrenzangebot im übrigen Österreich aus. In Kärnten, Salzburg und Steiermark zählt man jeweils ein Skigebiet im ewigen Eis.[193] Die hohe Affinität zum alpinen Wintersport liegt in ihrer Anfangszeit begründet. Die ersten Versuche wurden in Tirol unternommen - der Arlberg gilt beispielsweise als die Wiege des alpinen Skisports. Auch seilbahntechnische Erschließungen vor dem 2. Weltkrieg wurden in Tirol, wenn auch nicht exklusiv und im großen Stil, umgesetzt. Durch diese Entwicklungen setzte ein nicht unbeträchtlicher Konkurrenzdruck ein. Beispielgebend sind die touristisch höchst aktiven Destinationen im Westen des Bundeslandes (auch Tiroler Oberland): St. Anton am Arlberg, das Paznauntal mit Ischgl, das Obere Gericht mit Fiss-Serfaus-Ladis, das Pitztal und das Ötztal. Außerdem liegen diese geografisch direkt nebeneinander. In den anderen Gebieten Tirols wird aber auch ein hohes touristisches Aufkommen erzielt und der Komfortstandard ist sehr hoch, z.B. im Tiroler Unterland. Als strukturell schwächer gilt die abgetrennt liegende und geografisch zerklüftete Region Osttirol, dort spielen Förderungen eine große tourismuspolitische Rolle.[194] Große Bedeutung haben zudem Sportveranstaltungen. So wurden 1964 und 1976 die Olympischen Spiele in der Landeshauptstadt und 2001 die Ski WM in St. Anton am Arlberg ausgetragen.[195] Ein jährlicher Höhepunkt des alpinen Skisports sind die Rennwochenenden in Sölden und Kitzbühel.[196]

Für den Sommertourismus sind das Berg- und Wanderangebot entscheidend. Daneben werden im eingeschränkten Maße Rad- und Klettertouren offeriert. Die Ostalpen durchziehen das gesamte Bundesland und die sportlichen Betätigungen finden in den Bergen statt. Auch der klassische Badeurlaub findet kaum Beachtung, dafür fehlen die geeigneten Seen. Nur der Achensee bietet ein marginales touristisches Potenzial. Neben den winterlichen und sommerlichen Aktivitäten weist Tirol diverse kulturelle Erlebnisse auf, diese beschränken sich nicht nur auf die Stadt Innsbruck. Die

193 Vgl.: Scharr (2011, S. 15-17)
194 Vgl.: Tirol Atlas (2013, S. 1-8)
195 Vgl.: Der Standard, Überblick: Alpine Weltmeisterschaften (2008)
196 Vgl.: sport-österreich.at (2013)

Festspiele in Erl, die Kristallwelten in Wattens und Innsbruck mit seiner Historie gelten als Höhepunkte für Kultururlauber. Durch die verkehrstechnisch günstige Lage Nordtirols im Zentrum Mitteleuropas, die Inntalautobahn und Brennerautobahn bieten Anschluss nach Norden und Süden, können Gäste aus den Herkunftsmärkten Deutschland, Benelux, Italien und Schweiz begrüßt werden. Der Flughafen Innsbruck offeriert zusätzliche Anbindungen an internationale Märkte wie z.B. Großbritannien und Russland.[197] Aktuell ist Tirol mit den Regionen Südtirol und Trentino eine Partnerschaft im Sinne von Euregio eingegangen.[198]

Der Ablauf der Tourismuspolitik wird auch in Tirol durch eine Tourismusgesetzgebung und eine entsprechende Ortsklasseneinteilung geregelt. Historisch gesehen war die Entwicklung des Tiroler Tourismusgesetzes wichtig für den Verlauf der später erstellten Gesetze in Salzburg, Oberösterreich und der Steiermark. Es findet sich in allen Modellen die Pflichtmitgliedschaft der Mitglieder. Damit schaffen sich touristische Akteure einen finanziellen Spielraum.

Für Tirol gelten in der Tourismuspolitik die Erklärungen analog zu Salzburg. Das Interesse an Tourismuspolitik ist hoch ausgeprägt, vor allem auf Grund der verhältnismäßig niedrigen Industrialisierung. Im Faktor Abhängigkeit vom Tourismus zeigt Tirol noch stärkere Tendenzen, als Salzburg. Es ist eine tourismuspolitische Aufgabe, die Gästeströme in das Bundesland aufrecht zu erhalten. Eine hoher zeitlicher und finanzieller Aufwand in der Tourismuspolitik liegt in Abwendung von Ausfällen durch Tourismus und in der Erkennung des zukünftige touristischen Potenzials.[199]

197 Vgl.: Wirtschaftskammer Tirol
198 Vgl.: EUREGIO, Tirol, Südtirol, Trentino
199 Vgl.: Lehar (2007, S. 5)

## 4.2.8 Vorarlberg:

**Einwohner:** 375.130[200]

**Betriebe:** 5.449 zwischen November 2012 und Oktober 2013

**Gästebetten:** 71.711 zwischen November 2012 und Oktober 2013[201]

**Nächtigungen im Jahr 2013:** insgesamt 8.747.843[202]

Im äußersten Westen Österreichs liegt Vorarlberg. Ein kleines Bundesland an der Grenze zu Deutschland, Schweiz und Liechtenstein. Wichtige Parameter sind ein familiärer Charakter, Gastfreundschaft und Regionalität. Zusätzlich finden sich im Angebot die Besinnung auf Tradition, Architektur, Landschaft und Kultur.[203] Es gibt im Sommer und Winter, neben Wintersportzentren wie Lech am Arlberg, Kulturerlebnisse in Bregenz und zusätzlich noch Architektur.[204] Auf Grund der Struktur des kleinen Bundeslandes gibt es eine gute Vernetzung und für Innovationen bleibt noch Platz. So ist in Vorarlberg mit der Firma Doppelmayr der weltweit größte Seilbahnhersteller ansässig.[205]

Innovation wird auch im Zuge der Vorarlberger Tourismusstratgie 2020 gefördert. Fördermittel des Landes kommen vor allem bei innovativen Aus- und Weiterbildungen zum Einsatz. Die Außenwerbung wird von der Landes-Tourismus-Organisation und sechs Regionalverbänden übernommen. Die Strategien kommen auch hier zur Anwendung und eine Kooperation mit dem Land passiert. Die Landesregierung koordiniert für den Tourismus die Landes-Raumplanung, dabei wird im umweltpolitischen Bereich mit entsprechenden Veto-Playern interagiert: Es werden Ruhezonen in der Natur ausgewiesen. Im Gegenzug sollte in touristisch aktiven Orten eine Erweiterung der bestehenden Infrastruktur im Naturraum ermöglicht werden. Diese Vorgehensweise findet sich auch in den anderen Bundesländern.[206] Auch ein Tourismusgesetz und entsprechende Verordnungen zum Abgabewesen gibt es in Vorarlberg. Eine Besonderheit hierbei liegt im Inhalt:

---

200 Vgl.: Statistik Austria, Bevölkerungszahl Österreichs stieg auf über 8,5 Mio. zu Jahresbeginn 2014, Pressemitteilung: 10.725-034/14
201 Vgl.: Statistik Austria, Anzahl der Betriebe und Betten nach Bundesländern und Unterkunftsarten 2013
202 Vgl.: Statistik Austria, Ankünfte und Nächtigungen im Tourismus-Kalenderjahr (2003 bis 2013)
203 Vgl.: Land Vorarlberg, Tourismusstrategie 2020 (S. 1-3)
204 Vgl.: Vorarlberg Tourismus GmbH, Das Miteinander von alter und neuer Architektur
205 Vgl.: Doppelmayr (2013)
206 Vgl.: Land Vorarlberg, Maßnahmen Tourismusstrategie 2020

„...enthält das Vorarlberger Tourismusgesetz eine im Alpenraum einzigartige Bestimmung, wonach, unabhängig, ob die Tourismusförderung in oder außerhalb der kommunalen Verwaltung wahrgenommen wird, für die damit betrauten Personen eine einschlägige berufliche Vorbildung oder Erfahrung gefordert werden(§4. "Befähigte Personen"1).“[207]

Damit können Kompetenzen an die TVBs weitergeleitet werden. In anderen Bundesländern, wie z.B. Salzburg, Steiermark und Tirol, geht das nicht. Förderungen generell besitzen einen Ermessensspielraum und auch dies ist in der Regel in Österreich unüblich. Tourismuspolitik nützt in Vorarlberg sehr stark die Möglichkeiten der kulturellen Gegebenheiten, das zukünftige Potenzial liegt vor allem in diesem Bereich. Die Ausgleichend Wirkung von Industrie in den nördlichen Regionen und Tourismus zeigt in Vorarlberg eine wirtschaftliche Balance. Abhängigkeit vom Tourismus gibt es zwar, aber die tourismuspolitischen Entscheidungträger können entspannter agieren, als die Vertreter im benachbarten Bundesland.[208]

---

207Lehar (2007, S. 5)
208Vgl.: Lehar (2007, S. 5)

## 4.2.9 Wien:

**Einwohner:** 1.765.649[209]

**Betriebe:** 603 zwischen November 2012 und Oktober 2013

**Gästebetten:** 65.633 zwischen November 2012 und Oktober 2013[210]

**Nächtigungen im Jahr 2013:** insgesamt 12.719.289[211]

Die Bundeshauptstadt zeigt in touristischer Hinsicht ein paar Besonderheiten. Dies liegt historisch daran, dass es sich um urbanes Gebiet handelt. So kann der Winter- und Sommertourismus weniger mit sportlichen Betätigungen überzeugen, sondern das Thema Kultur steht an oberster Stelle der tourismuspolitischen Agenda. Eine Vielzahl an Museen, Schlössern, Kirchen und kulturellen Einrichtungen bietet den Gästen die Möglichkeit des Erlebens von Historie. Die geografisch interessante Lage Wiens, zwischen Mittel- und Osteuropa, ist ursächlich für die Entwicklungen. Ergänzend zum kulturellen Angebot spielt die Kulinarik eine entscheidende Rolle im Wiener Tourismus, die Heurigen oder der Naschmarkt sind als Institutionen anzuführen. Weitere Höhepunkte finden sich im finanziell aufwendigen Veranstaltungswesen, z.B. das Neujahrskonzert, der Opernball, Musicals, Touren zu „Der Dritte Mann", Christkindlmärkte, usw.[212]

Ein interessanter Sachverhalt in Wien zeigt sich in der Beherbergungsstruktur, es gibt lediglich 603 Unterkünfte, aber die Nächtigungszahlen liegen in etwa gleich mit Kärnten (dort sind es ca. 8800 Betriebe). Damit zeigt sich, dass der Fokus auf kapazitätsstarken Hotels und Pensionen liegt, die mit professionellem Personal ausgestattet sind. Familiäre Verhältnisse bei den Unterkünften und rustikal-ländlichen Urlaub findet man in Wien kaum. Dies bleibt den anderen acht Bundesländer vorbehalten.[213]

Im Wiener Landtag wurde das Tourismusgesetz beschlossen und als Organe sind die Tourismuskommission mit den Fachgruppen, der Präsident und Vizepräsident, der Geschäftsführer und der Rechnungsprüfer zu nennen. Diese unterstehen der

---

209Vgl.. Statistik Austria, Bevölkerungszahl Österreichs stieg auf über 8,5 Mio. zu Jahresbeginn 2014, Pressemitteilung: 10.725-034/14

210Vgl.: Statistik Austria, Anzahl der Betriebe und Betten nach Bundesländern und Unterkunftsarten 2013

211Vgl.: Statistik Austria, Ankünfte und Nächtigungen im Tourismus-Kalenderjahr (2003 bis 2013)

212Vgl.: Land Wien, Zu Gast in Wien

213Vgl.: Statistik Austria, Anzahl der Betriebe und Betten nach Bundesländern und Unterkunftsarten 2013

Landesregierung und sind für die Umsetzung von tourismuspolitischen Zielen verantwortlich. Orts- und Regionalverbände gibt es in Wien nicht, da diese durch die zentrale Struktur auch nicht benötigt werden.[214] Bei den Herkunftsmärkten gilt Wien als Exot im Bundesländervergleich. Es wird nicht nur der europäische Raum beworben, auch Gäste aus China, Japan und den USA gelten als potentielle Touristen. In diesem Vergleich der Herkunftsländer kann in Österreich nur die Stadt Salzburg mithalten.[215]

Da Wien bekanntlich anders ist (so lautet ein Werbeslogan der in den allgemeinen Sprachgebrauch eingegangen ist), so gibt es auch im Zusammenhang mit Tourismuspolitik ein Novum. Alle anderen Bundesländer verstehen die Tourismusgesetzgebung als Instrument zur Lukrierung von Fördergeldern, in Wien wird davon abgesehen. Zwischen Wien und dem Bund gibt es bis dato kein Abkommen zu der Thematik. In den potentiellen Berechnungen der Bundesförderungen durch die ÖHT wird Wien zwar mit einkalkuliert, aber diese Gelder werden vom Bundesland nicht genutzt. Grund für diese Ausprägung ist die Haltung der Akteure in der Landesregierung bzw. im Magistrat. Diese verweisen auf andere Fördermöglichkeiten und sehen keine Veranlassung die Tourismusförderungen anzutasten.

Wien hat wenig Interesse an Tourismuspolitik, die fehlenden Abkommen im Förderwesen belegen das. Der Grad der Industrialisierung ist hoch und die Wirtschaftsleistung muss nicht durch den Tourismus gestützt werden. Im zukünftigen touristischen Potenzial finden sich die tourismuspolitischen Entscheidungsträger wider, die Nutzung der zahlreichen kulturellen Gegebenheiten ist als oberste Priorität einzuschätzen.[216]

---

214Vgl.: Land Wien, Fundstellen der Rechtsvorschrift
215Vgl.: APA, Wien weiterhin im Spitzenfeld des europäischen Spitzentourismus (2012)
216Vgl.: Wirtschaftsbund Österreich, Tourismusförderung: Aufruf an die Stadt Wien

# 5 Konsequenzen der Bundespolitik:

## 5.1 Untersuchung:

Die Forschungsfrage der Untersuchung wird für die methodische Aufbereitung noch einmal aufgegriffen. Zur Entwicklung der Fragestellung sind die Überlegungen in Kapitel essentiell. Dort finden sich auch die Operationalisierung, die Entwicklung der Hypothesen und mögliche Erwartungen der Unterschiede in der Tourismuspolitik. Die Formulierung der Frage lautet: Was erklärt die Unterschiede in der Tourismuspolitik der Bundesländer?

Wie in der Kausalkette angeführt, so sind die Tourismuspolitik als abhängige Variable und die Bundesländer als unabhängige Variable zu klassifizieren. In der Einleitung und in der Theorie sind die Grundideen zur Fragestellung aufgezeigt. Die Beweggründe für das Interesse der Forschung haben zu Beginn zu ersten Unterfragen geführt, diese zeigen die Richtung des Denkansatzes: Was charakterisiert die Tourismuspolitik im Bund? Wie wird Tourismuspolitik gemacht? Wer macht Tourismuspolitik? Wieso gibt es Gemeinsamkeiten und Unterschiede zwischen den Bundesländern? Welche Prozesse sind als Tourismuspolitik klassifizierbar?[217]

## 5.2 Methodik: Qualitative Analyse

Das Forschungsdesign in der Methodik besitzt den Charakter einer qualitativen Analyse der Ziele von Tourismuspolitik und Unterscheidung in der Zielerreichung. Das Most Similar Case Design von Mill hat in diesem Zusammenhang einen Einfluss auf die Fallauswahl. Als Fälle sind die neun Bundesländer angeführt, die sich in der Tourismuspolitik unterscheiden. Es handelt sich um einen politischen Bereich, in dem die Voraussetzungen zwischen den Akteuren variieren und historisch unterschiedlich entstanden sind.[218] In jedem Bundesland wird Tourismuspolitik praktiziert und es sind sowohl Gemeinsamkeiten als auch Unterschiede erkennbar. Die politischen Unterschiede werden herausgearbeitet und empirisch überprüft. Zur Begründung der

217Vgl.: Mundt (2004, S. 40-44)
218Vgl.: Nohlen (2010, S. 1085-1086)

Fallauswahl kann festgehalten werden, dass die abhängige Variable extreme Ausprägungen zulässt. Das bedeutet, dass die Tourismuspolitik stark variieren kann. Zusätzlich ist eine Relevanz im aktuellen Kontext gegeben, die Tourismuspolitik kann als wichtiger Kompensator für wirtschaftliche und arbeitstechnische Probleme gelten. Es gibt ein Bundesland, dass im Bereich der Förderungen den Charakter eines Ausreißers zeigt, dieses ist Wien. Als weiterer Grund gilt, dass sich die Rahmenbedingungen leicht generalisieren lassen. Diese gelten für alle Bundesländer in derselben Weise. Zudem wird das hohe persönliche Interesse an Tourismuspolitik durch fachgerechtes Hintergrundwissen gestärkt. Im Vorfeld haben sich vier unterschiedliche Hypothesen gebildet, dadurch kann die Fallauswahl final unterstrichen werden.

Zur Begründung der Wahl der qualitativen Analyse sind folgende Parameter entscheidend: Es werden neun gleichwertige Akteure analysiert und die Unterschiede im tourismuspolitischen Bereich gesucht. Die Thematik Tourismuspolitik findet man in allen Bundesländern. Außerdem sollte die Annahme, dass Tourismuspolitik Unterschiede aufweist, bestätigt werden. Für die qualitative Untersuchung spricht, dass der Vergleich in der Materie Tourismuspolitik mit einem qualitativen Forschungscharakter besser auszuwerten ist. Im Gegensatz dazu wäre bei einer quantitative Untersuchung entsprechendes Fachwissen bei Probanden nötigt. Sollte dies nicht der Fall sein, dann wären die Ergebnisse unbrauchbar. Tourismuspolitik ist als komplexes Politikfeld zu klassifizieren, die Abläufe und der Grundcharakter weisen eine Vielzahl an Verstrickungen und oberflächlich unsichtbaren Elementen auf. Daher hätte eine quantitative Analyse Probleme in der Validität. Ein weiterer Grund ist, dass eine mögliche Generalisierung durch die qualitative Analyse zweckdienlicher formuliert werden kann. Dies unterstützt das organische Phänomen der Tourismuspolitik, diese soll zum Vorschein kommen.

Die Gründe der politischen Entscheidungsträger sind oberflächlich nicht immer mit politischem Inhalt gefüllt. Durch die organische Struktur der Interaktion der Veto-Player sind die politischen Interessen herauszuschälen. Wenn die Interessen im politischen Sinne gezeigt werden, so findet eine Evaluierung der Effekte von Tourismuspolitik statt. Unterschiede in den Effekten von Tourismuspolitik dienen der Erklärung der Fragestellung. Ein finaler Grund für die qualitative Analyse liegt in der überwiegenden

Auswertung von Dokumenten. Diese zeigen in der Evaluierung objektive Daten und Zahlen, für die Methodik bedeutet dies eine Verlässlichkeit bei der Formulierung von Antworten.[219]

Der Untersuchungszeitraum in der Empirie erstreckt sich auf einen Zeitrahmen von 22 Jahren, von 1990 bis 2012. Statistische Daten über EU-, Bundes- und Landesförderungen ab 1990 liegen der Untersuchung zu Grunde.[220] Die Datensätze in der Methodik sind in den Fußnoten ersichtlich, ein Überblick wird wie folgt gegeben. Daten von Seite der politischen Ebene sind Parlamentarische Stenoprotokolle, Protokolle der Landesregierungen, Daten des BMWFW, des Sportministeriums und des BKA. Dort finden sich Datenmengen und Zahlen in unverfälschter und direkt lesbarer Form, meist in Strategien, Berichten und Datenerhebungen[221]. Weitere wichtige Datenquellen sind Statistik Austria, ÖHT, WKÖ, AK und WIFO. Hier sind komplexere Datenerfassungen zu finden.

# 5.3 Interaktion der tourismuspolitischen Akteure:

Die Definition der Tourismuspolitik ist in der Theorie detailliert ausgeführt, wichtig sind vor allem die fünf Dimensionen. Damit lassen sich die Interaktion der Akteure und anschließend die Unterschiede der Bundesländer messen. Im Zuge der Messung wird die politische Macht der einzelnen Akteure analysiert, dieser Vorgang dient der Ermittlung der Möglichkeiten der Bundesländer. In der Vorgehensweise lautet die Frage zuerst: Welche Konstellation der Akteure bringt im Rahmen der Tourismuspolitik eine Umsetzung? Im Anschluss wird die Hauptfrage behandelt, die Suche nach den Unterschieden beginnt dort.

Inhaltlich wird in der Empirie folgende Reihenfolge in der Analyse angewendet: Zu Beginn muss die Tourismuspolitik entschlüsselt werden, danach erfolgt eine Evaluierung der Interaktion zwischen den Akteuren. Als dritter Punkt folgt die Evaluierung der Ausprägung von Tourismuspolitik in der Akteursstruktur und die Möglichkeiten der tourismuspolitischen Umsetzung werden erläutert. Eine Form der Interaktion wird übernommen und mit den Förderungen in Verbindung gesetzt. Das führt zur Klassifizierung der Förderungen und zu

---

219Vgl.: Plümper (2008, S. 64-77)
220Vgl.: BKA (2001)
221Vgl.: BMWFJ (2013b)

den Unterschieden in der Tourismuspolitik der Bundesländer. Das Ergebnis wird mit Hilfe der Variationen in der Tourismuspolitik ersichtlich. Eine ursprüngliche Fragestellung hat für den methodischen Aufbau insofern eine Rolle gespielt, als der Indikator der Förderungen gefunden wurde: Warum weisen die Bundesländer Gemeinsamkeiten bei Entscheidungen in der Tourismuspolitik auf? Die Antwort darauf lautet, weil es Förderungen im Zuge der Tourismuspolitik gibt. Dadurch kann der Vergleich der Bundesländer stattfinden. Wichtig in der Methodik sind die beiden grafischen Darstellung der Interaktion der Akteure und der Förderungen. Mit Hilfe dieser Raster können die tourismuspolitischen Abläufe bestmöglich interpretiert werden. Sie stellen eine Datenerfassung und -optimierung dar und objektivieren die Analyse.[222]

## 5.3.1 Möglichkeiten der Entscheidungsfindung:

Die Theorie von George Tesbelis greift auf die räumliche Vorstellung der Politik im euklidischen Sinn zurück. Diese bedeutet, dass die Veto-Player eine Handlungsweise nach den inhaltlichen Bevorzugungen in der Tourismuspolitik an den Tag legen. Die strategische Planung und Interaktion rückt bei den Veto-Playern in den Hintergrund. In den tourismuspolitischen Entscheidungsprozessen versuchen die Veto-Player ihre Interessen nach der Policy hin auszurichten.[223]

Mit der Einteilung von Kapitel 2 wird nun weitergearbeitet, die Veto-Player bzw. politischen Entscheidungsträger sind dort in ihrer Ausprägung klassifiziert vorzufinden. In Tabelle 7 wird dies wieder aufgegriffen und weiterentwickelt. Um eine Übersichtlichkeit zu gewährleisten, werden die Veto-Player mit X1, X2, X3, und X4 abgekürzt. Diese Einteilung erleichtert im weiteren Verlauf die Übersichtlichkeit in Tabelle 8. Es gestaltet sich die Umwandlung der Veto-Player folgendermaßen:

---

222Vgl.: BMWFJ (2012c)
223Vgl.: Grumer (2011, S. 50)

X1 = Minister für Tourismus (Individueller-Institutioneller Veto-Player)

X2 = Landeshauptmann (Individueller-Parteipolitischer Veto-Player)

X3 = Bund und Kammern (Kollektive-Institutionelle Veto-Player)

X4 = Landesregierung und Parteien (Kollektive-Parteipolitische Veto-Player)

## Tabelle 7: Veto-Player

|  | Institutionelle Veto-Player | Parteipolitische Veto-Player |
|---|---|---|
| Individuelle Veto-Player | X1 | X2 |
| Kollektive Veto-Player | X3 | X4 |

Quelle: Eigendarstellung, Daten von Grumer (2011, S. 50)

Bei X1 ist der zuständige Minister für Tourismus gemeint, dieser kann in der formalen Benennung eine andere Bezeichnung der Position haben. Im aktuellen Fall (Stand 2014) ist dies der Wirtschaftsminister Reinhold Mitterlehner. Die exakte formale Bezeichnung ist zu vernachlässigen, da es in der Analyse um die Funktion als Tourismusminister geht.[224]

X2 steht für einen Landeshauptmann. Jedes Bundesland stellt einen von neun Fällen in der Analyse dar, für jeden Fall gibt es eine andere Person als Landeshauptmann. Bei X4 zeigt sich eine analoger Sachverhalt, die Landesregierungen und die Parteien in den Bundesländern variieren untereinander. Im Gegensatz dazu ändern sich der Minister für Tourismus und der Bund nicht.

Unter dem Punkt X3 befinden sich die Kammern, darunter versteht man die Institutionen WK, AK und LAWIK und nicht den National- und Bundesrat. Der National- und Bundesrat finden sich im Bund wieder, gemeinsam mit der Bundesregierung. Diese können im Rahmen der Bundesgesetze agieren und indirekten tourismuspolitischen Einfluss ausüben.[225]

---

224Vgl.: BMWFJ (2013e)
225Vgl.: BMWFJ (2013d, S. 9 und S. 25)

Die vier Veto-Player Dimensionen bzw. Ausprägungen sind so aufgebaut, dass man sie miteinander kombinieren und kreuzen kann. Damit werden die Möglichkeiten der Interaktion herausgefiltert. Es lassen sich insgesamt 16 Variationen beobachten, wenn die vier Ausprägungen miteinander korrelieren. In Tabelle 8 sind die 16 Kombinationen grafisch dargestellt. In der realpolitischen Interaktion sind aber nicht alle Korrelationsmöglichkeiten gegeben. Aus diesem Grund sind die real umsetzbaren Entscheidungsfindungsprozesse mit grün eingefärbten Feldern versehen. Alle weißen Felder sind bestenfalls theoretisch möglich, aber nicht in die Praxis umzusetzen.

Für die Methodik ist es wichtig, dass alle Bundesländer in der Tourismuspolitik gleichwertig eingestuft werden. Das bedeutet, dass man sich in der Tourismuspolitik auf Merkmale stützt, die für alle politischen Entscheidungsträger in den Bundesländern in der selben Form gültig sind. In Tabelle 8 finden sich auf der linken Seite die möglichen Szenarien in der Interaktion der Veto-Player, die Kombinationen sind aus Tabelle 7 abgeleitet. Die Einteilung in X1, X2, X3 und X4 ist analog zur Tabelle 7 zu verstehen.

Die fünf Dimensionen der Tourismuspolitik spielen in der Analyse auch eine Rolle, diese zeigen die tourismuspolitischen Kompetenzen der Veto-Player. Nicht alle Interaktionen der Veto-Player lassen tourismuspolitische Entscheidungen in allen Dimensionen zu. Das bedeutet, dass manche Konstellationen der Entscheidungsfindung auf Teilbereiche der Tourismuspolitik beschränkt sind. In den grün hinterlegten Feldern ist dies ersichtlich, eine Veto-Player Interaktion und politische Entscheidungsfindung kann dann in einer oder mehreren tourismuspolitischen Dimension/en stattfinden. Im Anschluss an Tabelle 8 erfolgt die Klassifizierung in Szenarien, diese werden nummeriert, von Nr1. bis Nr. 16.[226]

---

226Vgl.: Tsebelis (2002 S. 33-43)

## Tabelle 8: Korrelation zwischen den Veto-Playern

| Interaktionen der Veto-Player | | Dimensionen der Tourismuspolitik | | | | |
|---|---|---|---|---|---|---|
| | | Wirtschaft | Soziales, Arbeit | Verkehr | Natur | Kultur |
| Nr. 1 | X1 + X2 + X3 + X4 | X | X | X | X | X |
| Nr. 2 | X1 + X2 + X3 | | | | | |
| Nr. 3 | X1 + X3 + X4 | | | | | |
| Nr. 4 | X1 + X2 + X4 | | | X | | X |
| Nr. 5 | X2 + X3 + X4 | X | X | X | X | X |
| Nr. 6 | X1 + X2 | | | | | |
| Nr. 7 | X1 + X3 | X | X | X | | X |
| Nr. 8 | X1 + X4 | | | | | |
| Nr. 9 | X2 + X3 | | | X | | |
| Nr. 10 | X2 + X4 | X | X | X | X | X |
| Nr. 11 | X3 + X4 | | | | | |
| Nr. 12 | X1 | | | | | |
| Nr. 13 | X2 | | | | | |
| Nr. 14 | X3 | | | | | |
| Nr. 15 | X4 | | | | | |
| Nr. 16 | 0 | | | | | |

Quelle: Eigendarstellung

Die 16 Szenarien zeigen bestimmte Charakteristika auf, in der Folge werden diese beleuchtet. Wie bereits erwähnt, sind nicht alle Szenarien möglich oder werden in der Realpolitik umgesetzt. Zuerst wird eine grobe Abstufung durchgeführt, diese ist als schriftliche Version von Tabelle 8 zu verstehen. Ob ein Szenario möglich ist oder nicht, das zeigt die Auflistung bei den einzelnen Punkten. Im Anschluss werden die Szenarien klassifiziert und exakt analysiert.

- Nr. 1: Alle Akteure sind involviert und es sind alle fünf Dimensionen der Tourismuspolitik verwertbar → möglich
- Nr. 2: Es fehlt die Landesregierung → Interaktion nicht möglich
- Nr. 3: Es fehlt der Landeshauptmann → Interaktion nicht möglich
- Nr. 4: Übergehen des informellen Charakters → interessant und möglich
- Nr. 5: Minister fällt weg → interessant und möglich
- Nr. 6: Fur die Umsetzung fehlen Bund/Landesregierung → nicht möglich
- Nr. 7: Bundesförderungen ohne Land → möglich
- Nr. 8: Drüberfahren als Taktik → unwahrscheinlich

- Nr. 9: Informeller Charakter → möglich
- Nr. 10: Standard auf Landesebene → möglich
- Nr. 11: Landeshauptmann fehlt → nicht möglich
- Nr. 12: Nur ein Akteur → nicht möglich
- Nr. 13: Nur ein Akteur → nicht möglich
- Nr. 14: Diskussion mit fehlender Entscheidungsmacht → nicht möglich
- Nr. 15: Diskussion mit fehlender Entscheidungsmacht → nicht möglich
- Nr. 16: Keine Tourismuspolitik ohne politische Akteure[227]

**Szenarien Nr. 6 und Nr. 11**

Zwei Sonderfälle stellen Nr. 6 und Nr. 11 dar: Hier sind zwar Verhandlungen möglich, aber es kann keine Umsetzung im politischen System erfolgen. Bei Szenario Nr. 6 arbeiten die beiden individuellen Veto-Player miteinander, es kann zum Austausch tourismuspolitischer Themen und zur Abstimmung der Vorgehensweisen kommen. Diese weisen eine Effizienz auf, doch es fehlt die politische Macht bei einzelnen Personen für eine Umsetzung ohne Bund und/oder Landesregierung. Für Nr. 11 gilt das Gegenteil von Szenario Nr. 6, es sind die kollektiven Akteure für eine Diskussion vorhanden, aber es fehlt ein essentielles Mitglied für eine politische Entscheidung. Ohne den Landeshauptmann ist die Landesregierung nicht komplett, ohne Minister fehlt die zuständige Person im Bund.

**Szenarien Nr. 2, Nr. 3, Nr. 8, Nr. 12, Nr. 13, Nr. 14, Nr. 15 und Nr. 16**

Ausgeschlossen werden die Szenarien Nr. 2, Nr. 3, Nr. 8, Nr. 12, Nr. 13, Nr. 14, Nr. 15 und Nr. 16, die Gründe dafür finden sich bereits in Kurzform oben. Weder formal noch real können die Korrelationen Nr. 2 und Nr. 3 durchgeführt werden, da auf Landesebene eine Unvollkommenheit gegeben ist. Es fehlt entweder der Landeshauptmann oder die Landesregierung. Die Landesregierung ist ohne Landeshauptmann aber unvollständig und auch der Landeshauptmann kann nicht allein in absolutistischer Art und Weise Entscheidungen treffen. Bei Nr. 8 passen die Kompetenzen in rechtlicher Hinsicht nicht zusammen, der Minister hat keinen Einfluss

---

227Vgl.: Tsebelis (2002 S. 33-43)

im Zuge der Tourismuspolitik auf die Landesregierungen, dies gilt auch in umgekehrter Form. Für die Szenarien Nr. 12, Nr. 13, Nr. 14 und Nr. 15 gilt, dass es keine tourismuspolitische Umsetzung mit nur einem Akteur geben kann. Es muss zu Verhandlungen mit mindestens einem weiteren Partner aus dem Veto-Player Theorem kommen. Nr. 16 zeigt abschließend, dass ohne Akteure keine Tourismuspolitik stattfinden kann. Dies stellt einen wichtigen Punkt dar, denn ohne politische Akteure gibt es generell keine Entscheidungen. Das wirkt sich auf die Annahme der ersten Hypothese aus.

Die realistischen Szenarien der Interaktion in der Tourismuspolitik beschränken sich somit auf Nr. 1, Nr. 4, Nr. 5, Nr. 7, Nr. 9 und Nr. 10, diese werden in expliziter Weise analysiert.[228]

---

228Vgl.: Tsebelis (2002 S. 33-43)

**Szenario Nr. 1:**

X1 + X2 + X3 + X4 = TP (Wirtschaft + Arbeit + Verkehr + Natur + Kultur)

Tourismusminister + Landeshauptmann + Bund/Kammern + Landesregierung/Parteien = Tourismuspolitik in allen fünf Dimensionen

Wenn die Akteure Landesregierung, Parteien, Kammern, Bund kooperieren, dann kann eine Umsetzung und Vollziehung in allen fünf Dimensionen der Tourismuspolitik erfolgen. Diese Form der Interaktion ist als Standardprozedur der tourismuspolitischen Diskussionen und Umsetzung anzusehen. Die Tourismuspolitik erreicht durch die Interaktion der Akteure eine entsprechende Tiefe und komplexe Probleme werden konsensorientiert gelöst.

Wird der Fokus nur auf Wirtschaft und Beschäftigung gelegt, dann ist das Ziel in den Diskussionen die Verteilung von Fördermitteln. Verbesserungen in der Arbeits- und Sozialpolitik und in der Wirtschaftspolitik sind die essentiellen Faktoren, um Förderungen zu erhalten. Als Förderstellen agieren sowohl der Bund als auch die Länder: Die Landesregierungen gelten als rechtliche Instanz der Tourismuspolitik und der Bund als Geldgeber, die ÖHT unterstützt dabei die finanzielle Koordination des Bundes. Im Zuge der Förderungen werden aber auch auf staatlicher Ebene Machtkompetenzen erworben, damit teilen sich der Staat und die Bundesländer die politische Macht. Wie bereits in der Theorie erwähnt, gibt es eine Abstufung der Fördermittel, diese zeigt die Kompetenzbereiche auf: Bis € 100.000.- Länder, bis € 3 Mio. Bund, ab € 3 Mio. Bund und Länder. Das Interesse des Bundes und der Länder zielt also primär auf Wirtschaft und Beschäftigung ab. Um Ziele zu verwirklichen, sind auch die Dimensionen Verkehr, Natur und Kultur nützlich. Wenn beispielsweise Verkehrsinfrastruktur geschaffen wird, dann kommt es zu einer Verbesserung in der Wirtschaft und Beschäftigung.

Die Kammern nehmen die Position des beratenden Akteurs ein, der informelle Charakter in der politischen Diskussion stärkt die Machtposition. Dies ist von Vorteil, wenn eine Befürwortung von den Kammern ausgesprochen wird. Für die politischen Entscheidungsträger bringt dies eine hohe Legitimation an der Basis bzw. innerhalb der Bevölkerung. Der Einfluss der Kammern kann auch einen negativen Effekt erzeugen und zu keiner Befürwortung führen, das bietet den politischen Akteuren jedoch die Möglichkeit, sich einem Sachverhalt in praktischer Weise anzunehmen. Einfacher gesprochen bedeutet dies, dass die theoretischen Ansätze der Politik von den Kammern auf die Fähigkeit der Umsetzung geprüft werden. Analog zur Sozialpartnerschaft kommt es in der Tourismuspolitik zu einer Analyse der Bedürfnisse durch die Kammern, von den politisch Handelnden wird dies begrüßt.[229]

Einzelne Betriebe, TVBs und Gemeinden sind als Nutznießer von Tourismusförderungen einzustufen, daher sind sie machtpolitisch als irrelevant für die Interaktion anzusehen. Sie können Projekte für Förderungen einreichen, entschieden wird aber auf Ebene des Landes und/oder des Bundes. NGOs und Bewegungen versuchen über Parteien oder die Kammern einen Einfluss auszuüben, dies kommt einem aufschiebenden Veto oder einer Verhinderung von Projekten gleich. In diesen Bereichen geht es oft nicht nur um Wirtschaft und Arbeit, sondern es werden die Dimensionen Verkehr, Natur- und Umweltschutz und Kultur in die politische Diskussion eingebracht. Mit Hilfe von Gegengeschäften kann die Landesregierung die Veto-Player umstimmen. Eine praktische Ausformung ist hierbei der Tausch von Gebieten und Grundstücken in der Umweltpolitik. Das bedeutet, dass touristische Erschließungen an einem Ort passieren können, wenn im Gegenzug andere Gebiete kultiviert und Landschaften geschützt werden. So ist der Nationalpark Hohe Tauern in erster Linie als Ausgleich zu den Skigebietserschließungen in Kärnten, Salzburg und Tirol geschaffen worden. Die Intention war dabei, dass Teile der Landschaft dem Intensivtourismus gewidmet und im Gegenzug Naturreservate in ursprünglicher Form erhalten werden.[230]

---

229Vgl.: BMWFJ (2010b)
230Vgl.: Schmidt (1990, S. 367-377 und 399-401)

**Szenario Nr. 4:**

X1 + X2 + X4 = TP (Verkehr + Kultur)

Minister + Landeshauptmann + Landesregierung/Parteien = Tourismuspolitik für Verkehr und Kultur

Diese Szenario wird wenig in der Praxis genützt, ist aber grundsätzlich eine Möglichkeit in der Interaktion. Bei der finanziellen Einbindung privater Investoren in einem Bundesland bringt die Einflussnahme des Ministers eine Erhöhung in der Legitimation für die landespolitisch Handelnden. Dies kann, z.B. bei kulturellen Sachverhalten oder Einrichtung von Buslinien eine Rolle spielen. Die politischen Entscheidungsträger des Landes haben ein starkes Interesse an der Umsetzung eines Projektes und verschafft sich mit der Einbindung des Ministers mehr politische Macht. Für den Minister bedeutet dies eine Stärkung seiner eigenen Position. Sachverhalte im wirtschaftlichen, arbeitstechnischen und umweltpolitischen Sinne lassen sich damit aber nicht entscheiden, da hierfür die Kooperation mit den Kammern und dem Bund notwendig ist.[231]

**Szenario Nr. 5:**

X2 + X3 + X4 = TP (Wirtschaft + Arbeit + Verkehr + Natur + Kultur)

Landeshauptmann + Kammern + Landesregierung/Parteien = Tourismuspolitik in allen fünf Dimensionen

Diese Klassifizierung führt zu einer Interaktion, wenn die Kammern als kollektiv-institutionelle Akteure agieren, selbst wenn der Bund ausgeschlossen wird. Dann ist die Kooperation der Handelnden mit dem Szenario Nr. 1 gleichzusetzen, mit dem Unterschied, dass die Entscheider der Bundesebene wegfallen. In den Bundesländern wird dieses Verfahren als häufigste Form der politischen Diskussion und Entscheidungsfindung verwendet.

Die Interessen der Landesregierung und des Landeshauptmannes liegen in der Stärkung

---

231Vgl.: Landesregierung Tirol (2005, S. 20-26)

der Wirtschaft und der Beschäftigung. Zusätzlich gibt es im Wettbewerb mit den anderen Bundesländern eine Konkurrenz in der Tourismuspolitik, sei es durch Unterschiede in der Wirtschaftsleistung oder in der touristischen Positionierung. In der Interaktion ist es für die WK ebenfalls wichtig, dass der Wirtschaftsstandort gesichert und die Wirtschaftsleistung hoch gehalten wird. Für die AK geht es um optimale Ergebnisse in der Beschäftigung in einem Bundeslandes. Die LAWIK bringt in Verhandlungen die Belange der Landwirtschaft und Naturnutzung ein. Alle drei Kammern erzielen durch die Tourismuspolitik eine Umsetzung der Aufgaben und erhöhen daneben ihre Legitimation bei den Mitgliedern.

Gegengeschäfte finden auf Ebene des Landes mit Parteien und den Kammern statt. Sowohl die Parteien als auch die Kammern sind mit Gegengeschäften in politischen Diskussionen zum Konsens zu bewegen. Sollte die Landesregierung die Zustimmung von einem der beiden Akteure benötigen, dann wird diese mit entsprechenden Zugeständnissen oder Optionen die Situation lösen und den Konsens erzielen.[232] Ein zeitweise auftretendes Phänomen ist die Regulierung der Ortstaxen in Bundesländern, hierbei zeigen sich konträre Positionen zwischen den Entscheidungsträgern und den Akteuren auf Landesebene. So vertritt die WK die Meinung der Beibehaltung des finanziellen Rahmens, die AK tritt dagegen für eine Erhöhung ein. In diesem Fall agiert die Landesregierung als Vermittler und versucht einen Konsens zwischen den Kammern zu erzielen. Dabei werden in der Umsetzung die Interessen aller drei Akteure den Niederschlag finden und von der Landesregierung im Ortstaxengesetz festgehalten.[233]

## Szenario Nr. 7:

X1 + X3 = TP (Wirtschaft + Arbeit + Verkehr + Kultur)

Minister + Bund/Kammern = Tourismuspolitik für Wirtschaft, Arbeit, Verkehr und Kultur

In diesem Fall spielt der Bund mit dem Minister seine Kompetenzen in der politischen Interaktion aus, es erfolgt eine Umgehung der Tourismusgesetzgebung der Länder. Die Interessen des Bundes sind die Wettbewerbsfähigkeit in Europa und Sicherung des Wohlstandes, daneben gilt es Legitimation gegenüber den Wählern zu erhalten. Der

---

232Vgl.: Schmidt (1990, S. 399-419)
233Vgl.: ORF.at Burgenland, Wirtschaft: Wird Urlaub im Burgenland teurer (2011)

Vorteil für die Länder in dieser Vorgehensweise liegt in der Erledigung von Sachverhalten ohne Beteiligung, vor allem bei der Restaurierung von Bundesstraßen werden so angenehme Lösungen für das Land gefunden. Für den Tourismus sind gut ausgebaute Verkehrswege essentiell, der Gast soll schnelle, bequeme und effiziente Bedingungen für die Reise vorfinden. Die allgemeinen Rahmenbedingungen des Bundes in den Dimensionen Wirtschaft und Arbeit sind als Basis aller Tätigkeiten zu sehen, die Tourismuspolitik und Tourismusgesetzgebung der Bundesländer sind im Szenario Nr. 7 irrelevant. In der Kulturpolitik kann der Bund autonom agieren. Durch die kulturellen Bundeskompetenzen sind politische Entscheidungen legitimiert und mit Hilfe des Bundesdenkmalamtes verfügt er alleine über die Sehenswürdigkeiten im Staatsbesitz.[234]

Der Bund agiert in den vier Dimensionen als Koordinator auf staatlicher Ebene und besitzt die Legitimation nach bestem Wissen und Gewissen zu handeln. Die Kammern sind im Rahmen des informellen Charakters auf der Bundesebene tätig und ihnen kommt eine wichtige Rolle als Analyseinstitution zu. Den Politikern im Bund fehlt der praktische Bezug zu Sachverhalten, die Kammern übernehmen die Rolle des Übersetzers zwischen Theorie und Praxis. Das stärkt wiederum die Legitimation der Kammern bei den Mitgliedern und fördert die Arbeit im Aufgabengebiet. Nachteile können sich dadurch ergeben, dass die Entscheidungsträger des Bundes an den Interessen der Bundesländer vorbei regieren. Speziell in der Tourismuspolitik kann das leicht passieren, da sich die Länder durch eine Diversität in den Bedürfnissen unterscheiden. Daher zeigt das Szenario Nr. 7 Charakterzüge der Konfliktdemokratie, Meinungsverschiedenheiten entstehen zwischen den Entscheidungsträgern des Bundes und des Landes. Gegengeschäfte sind nicht unbedingt konsensorientiert, es kann zur Verhärtung der Fronten kommen und Lösungen für die Tourismuspolitik sind schwierig zu erzielen. Die Effizienz in Entscheidungen und der informelle Charakter zeigen schwache Ausprägungen, vor allem im Vergleich zu der Interaktion im Szenario Nr. 1. Hauptproblem bei Szenario Nr. 7 bleibt also das Konfliktpotential. Je weiter die Agenden zwischen den Handelnden des Staates und der Bundesländern auseinanderliegen, desto mehr Legitimationsverlust tritt bei beiden Akteuren auf. Dabei ist nur eine Akteur (Bund) als aktiver Gestalter tätig, während die Entscheider in den Ländern keinen Einfluss auf direktem Weg haben.[235]

---

234Vgl.: BKA, Rechtsgrundlagen der Kunstförderung
235Vgl.: BMWFJ (2010b)

**Szenario Nr. 9:**

X2 + X3 = TP (Verkehr)

Landeshauptmann + Bund/Kammern = Tourismuspolitik für Verkehr

Das Szenario Nr. 9 besteht aus der Landeshauptleutekonferenz und dem Bund, daneben agieren die Kammern im informellen Rahmen. Damit zeigt sich ein interessanter Sachverhalt mit Unterschieden zwischen den formalen und realen Spielregeln der politischen Diskussion. Entscheidungen fallen zwar im Bund, der Einfluss von Kammern und Landeshauptleutekonferenz ist aber beträchtlich. Verhandlungen können in allen fünf Dimensionen der Tourismuspolitik stattfinden, Verbindlichkeiten für die Entscheidungsträger entstehen aber nur in der Verkehrspolitik. Als Beispiel dient hier, wenn in der Landeshauptleutekonferenz ein Verkehrsproblem aufgearbeitet wird, das anschließend durch den Bund umgesetzt wird. In den Feldern Wirtschaft, Arbeit, Natur und Kultur benötigt man die Landesregierungen für eine Entscheidung, der Landeshauptmann muss bei Abstimmung mit der Landesregierung involviert sein. Das Interesse der Landeshauptleute liegt in der Stärkung der Landeshauptleutekonferenz, für die Kammern gilt es Legitimation zu erhalten. Der Bund verbessert die Kommunikation im Föderalismus und bestätigt die Machtposition im koordinativen Zusammenhang.

Zusammenfassend kann gesagt werden, dass die ungewöhnliche Ausprägung von zwei informellen Akteuren und einem politischen Entscheidungsträger zu den ungewöhnlichen Konstellationen in der Tourismuspolitik gehört. In der Einschätzung gilt diese Ausprägung eher als gutes Verhandlungsinstrument und weniger als Entscheidungskonstellation.[236]

---

236Vgl.: Der Standard, ÖVP-Länderchefs fordern eigene Steuern (2014)

**Szenario Nr. 10:**

X2 + X4 = TP (Wirtschaft + Arbeit + Verkehr + Natur + Kultur)

Landeshauptmann + Landesregierung/Parteien = Tourismuspolitik in allen fünf Dimensionen

Hierbei handelt es sich um eine rein politische Interaktion auf Landesebene, der informelle Charakter wird gänzlich ignoriert. Die Interessen der Landesregierung und des Landeshauptmanns können in effizientester Weise umgesetzt werden, Gegenstimmen zu tourismuspolitischen Sachverhalten kommen nur durch Akteure aus den Parteien zustande. Der formale Rahmen wird in diesem Fall auch real ausgeübt, zum Leidwesen der Kammern. Angewendet wird dieses Verfahren der politischen Interaktion im Falle der Notwendigkeit schneller Entscheidungen, bei vorhandenem fachlichen Wissen und bei Sachverhalten, in denen es nicht als notwendig erachtet wird zu kooperieren. Vor allem im Bereich Tourismuspolitik finden sich in den Reihen der Landesregierungen Experten zur Thematik in den eigenen Reihen. Für die politischen Entscheidungsträger dient das Szenario Nr. 10 zusätzlich dazu, die Fähigkeiten des autonomen und unabhängigen Handelns zu zeigen.

Die Notwendigkeit von Gegengeschäften ist auf ein Minimum reduziert, es kann aber zu nachteiligen Auswirkungen in Bezug auf die Legitimation kommen. Sofern Entscheidungen der Allgemeinheit dienen, so kommt es nicht oder nur marginal zu Reklamationen. Bei Fehlentscheidungen trifft die Kritik die politische Ebene härter und kann bei Wahlen zu Verlusten führen. Daher ist Szenario Nr. 10 zyklisch angesiedelt, knapp vor Wahlen wird dieses Verfahren selten praktiziert.[237]

## 5.3.2 Tourismuspolitische Taktiken:

Innerhalb der Szenarien können die politischen Entscheidungsträger bzw. Veto-Player mit unterschiedlichen Taktiken ihren Einfluss gestalten und steigern. Damit wird die tourismuspolitische Umsetzung beeinflusst. Eine gängige Vorgehensweise ist hierbei die Agitation von Akteuren durch einen politischen Entscheidungsträger. Die Akteure und der Veto-Player verfolgen dann ein gemeinsames Interesse. In der tourismuspolitischen

---

237Vgl.: Schmidt (1990, S. 399-419)

Entscheidungsfindung gibt es unterschiedliche Formen der taktischen Einflussnahme. Exemplarisch werden verschiedene Beispiele in der Vorgehensweise dargestellt:

Dem ersten Beispiel zu Grunde liegt das Szenario Nr. 5. Der Landeshauptmann und die Landesregierung haben ein gemeinsames Interesse und sind sich für die tourismuspolitische Entscheidung einig, ein Veto kommt aber von den Kammern. In dem Fall können die Kammern ihre Mitglieder dazu auffordern, auf die Landesregierung und den Landeshauptmann Druck auszuüben oder mit Streiks zu drohen. Wenn ein tourismuspolitischer Sachverhalt nicht den Interessen der Kammern entspricht, so kann diese Vorgehensweise zu einer Veränderung in der Entscheidung führen.

Eine sehr häufige Form des Taktierens findet sich im Rahmen des Szenarios Nr. 1. Dabei holen sich der Landeshauptmann und die Landesregierung Akteure dazu, um gegen die Entscheidungsträger des Bundes aufzutreten. Dies ist meist dann der Fall, wenn der Bund versucht die Landeskompetenzen in der Tourismuspolitik zu umgehen. Speziell bei einem hohen Interesse an Tourismuspolitik oder bei der Stärkung strukturschwacher Regionen tritt diese Taktik bei den Bundesländern auf. Im Wettbewerb zwischen den Bundesländern spielt dies auch eine Rolle. Wenn es Bundesländer schaffen, dass eine breite Front an touristischen Akteuren hinter einer tourismuspolitischen Entscheidungen steht, dann verbessert sich die Machtposition der Landesregierung und des Landeshauptmannes gegenüber den bundespolitischen Entscheidungsträgern.

Bei tourismuspolitischen Entscheidungen im Bereich Verkehr finden Taktiken in dieser Form statt, meist mit entsprechender medialer Verwertung. Es findet sich dazu auch die Umkehrung, das bedeutet, dass der Bund mit dem Minister für Tourismus gegen die Bundesländer taktiert. In diesem Fall benötigen die bundespolitischen Entscheidungsträger die Unterstützung von anderen Akteuren und möglicherweise den Kammern. Kern der Taktik ist die Umgehung der Tourismusgesetze der Bundesländer mit Hilfe von Bundesgesetzen.[238]

In einem dritten Beispiel zeigt der Landeshauptmann ein taktisches Vorgehen gegenüber der Landesregierung und den Parteien. Dies findet im Rahmen des Szenario Nr. 10 statt. So versucht der Landeshauptmann Akteure ins Boot zu holen, um seine tourismuspolitischen Interessen gegenüber der Landesregierung durchzusetzen. Dabei kann der

---

238Vgl.: Ebner, Klambauer, Steindl (1985, S. 85)

Landeshauptmann die tourismuspolitischen Entscheidungen mit Hilfe von Akteuren taktisch beeinflusst. Durch den Einsatz, z.B. finanzieller Mittel durch die Akteure verschiebt sich eine tourismuspolitische Entscheidung in die Richtung der Interessen des Landeshauptmannes. Bei einer Taktik in dieser Form kann durch den Landeshauptmann eine Umgehung der Landesregierung im Vorfeld oder bei Entscheidungen passieren.[239]

## 5.3.3 Förderungen als Indikator:

Wenn man das Szenario Nr. 1 weiter anwendet, um Unterschiede in der Tourismuspolitik der Bundesländer aufzuzeigen, dann muss eine Evaluierung der Förderungen erfolgen. Die Verwendung von Förderungen unterscheidet sich in ihrer Form, aber nicht in der Vergabe durch die Entscheidungsträger der Tourismuspolitik. Es werden einzelne Betriebe finanziell unterstützt, touristische Infrastruktur errichtet, sog. Leuchtturmprojekte umgesetzt oder Veranstaltungen gesponsert. Primäre Ziele sind die Verbesserung der Wirtschaftsleistung und die Schaffung von Arbeitsplätzen. Eine infrastrukturelle Optimierung ist nicht immer Bestandteil von Förderungen, eine Tendenz diese zu verbessern, liegt aber bei manchen Projekten vor. Im optimalen Fall sollen Förderungen ökonomisch, arbeitstechnisch, infrastrukturell, ökologisch und kulturell eingesetzt werden, Zielsetzung ist eine Verbesserung in allen Bereichen für das Bundesland.[240] Drei Institutionen teilen sich die Ausschüttung von Förderungen, diese sind die EU, der Bund und die Bundesländer. Bei den Förderungen der EU handelt es sich um Strukturfonds, die durch den Bund koordiniert werden. Für Österreich wurden in den vergangenen Perioden Strukturverbesserungen im Rahmen der Tourismuspolitik eingeplant, diese sind in Form der EFRE Unterstützung für Betriebe und Regionen zugänglich gemacht worden. Der Bund bietet finanzielle Unterstützung durch Budgetmittel und Gelder aus dem ERP, zusätzlich wird auf staatlicher Ebene das EFRE Fördergeld in Verbindung mit nationalen Förderungen vergeben. Bei den Bundesländern finden sich Fördermittel, die aus den finanziellen Geldflüssen im Abgabewesen resultieren. Für entsprechende Projekte wird aus dem Fördertopf des Landes eine finanzielle Hilfe geboten. In der Analyse des Förderwesens ist es von Vorteil, wenn ein praktisches Beispiel der Analyse vorangestellt wird:[241]

---

239Vgl.: Schmidt (1990, S. 399-419)
240Vgl.: BMWFJ (2010b)
241Vgl.: BMWFJ (2012b, S. 1-49)

## 5.3.3.1 Großveranstaltungen in den Bundesländern:

Fördergelder werden nicht nur im Sinne von Unterstützungen für Einzelakteure oder -gruppen eingesetzt, darüber hinaus kommt es zur finanziellen Unterstützung von Großveranstaltungen mit kulturellem oder sportlichem Hintergrund. Diese gelten als medienwirksamste Ausformung des Szenarios Nr. 1 und zeigen neben den Möglichkeiten der Tourismuspolitik eine große Außenwirkung. Es wird Tourismuspolitik sozusagen als Marketinginstrument eingesetzt. Wichtige Veranstaltungen in Österreich, die als Beleg einer erfolgreichen Tourismuspolitik gelten, waren bzw. sind: EURO 2008, WM Schladming 2013, WM St. Anton 2001, WM Saalbach 1991, Olympiaden in Innsbruck 1964 und 1976, Salzburger Festspiele, Bregenzer Festspiele, Neujahrskonzert, usw. In Abbildung 11 zeigen sich exemplarisch die finanziellen Aufwände durch den Bund.[242]

### Abbildung 11: Bundesförderungen bei Sportveranstaltungen

| Veranstaltung | Austragungsorte | Investition des Bundes |
|---|---|---|
| EURO 2008* | Wien, Innsbruck, Klagenfurt, Salzburg | 33.515.056 € |
| Handball-EM 2010 | Wien, Innsbruck, Linz, Wr. Neustadt | 950.000 € |
| Judo-EM 2010 | Wien | 210.000 € |
| Volleyball-EM 2011 | Wien, Innsbruck | 700.000 € |
| Faustball-WM 2011 | Wien, Salzburg, Linz | 110.000 € |
| American Football WM 2011 | Wien, Graz, Salzburg, Innsbruck | 500.000 € |
| European Maccabi Games 2011 | Wien | 470.000 € |
| Interski-Kongress 2011 | St. Anton | 348.000 € |
| Youth Olympic Games 2012*** | Innsbruck, Igls, Seefeld, Kühtai | 5.000.000 € |
| Alpine Ski WM 2013** | Schladming, Haus, Reiteralm | 24.290.000 € |

*) Investitionsförderung verteilt auf die Förderjahre 2007, 2008, 2009
**) Investitionsförderung verteilt auf die Förderjahre 2011, 2012, 2013
***) Organisationskostenbeitrag (1.5 Mio € Sanierung der Schanze in Seefeld und rd. 500.000 € für die gezielte Vorbereitung der AthletInnen)

Quelle: Bundesministerium für Landesverteidigung und Sport (2012, S. 8)

In der Regel kommt es bei Großveranstaltungen immer zur Beteiligung des Bundes, eine Vielzahl an Interessen führt dazu: Die Wirtschafts- und Beschäftigungseffekte wirken positiv, Österreich erhält internationales Prestige, gutes Marketing wird erzielt, Regionen werden nachhaltig gestärkt, Inszenierungen vor der Wählerschaft sind möglich und das gesellschaftliche Moment wird gestärkt. Für die Akteure Landeshauptmann und

---

242Vgl.: Bundesministerium für Landesverteidigung und Sport (2012, S. 1-46)

Landesregierung gelten die Parameter in der gleichen Weise. Die Kammern sind Befürworter auf Grund der positiven Effekte für die Wirtschaft, die Standortsicherung und der landwirtschaftlichen Nachhaltigkeit. Als Gegenspieler agieren die Parteien, wobei es in der Regel zu keiner Infragestellung der Großveranstaltung an sich kommt, aber Feinjustierungen und Nachhaltigkeit von Konzepten werden erst durch deren Einfluss umgesetzt.

Eine Analyse der Ski-WM 2013 in Schladming soll exemplarisch für die Tourismuspolitik bei Events dienen, neben den Ausprägungen der Tourismuspolitik wird die Unterstützung durch Förderungen gezeigt. Nach der Bewerbung und offiziellen Bestätigung mit 28.05.2008 wurde klar, dass die Ski-WM im Jahr 2013 in Schladming stattfindet. Damit wurde der Grundstein für Maßnahmen in den infrastrukturellen, wirtschaftlichen und arbeitstechnischen Dimensionen gelegt, die Faktoren Natur- und Umwelt bzw. Gesellschaft und Kultur sind im Zuge der Bautätigkeiten inkludiert. Die Leitung des Gesamtprojekts oblag der Landesregierung, zuerst in Form einer zuständigen Person und anschließend einer GmbH in Landesbesitz. Ein weiteres Detail liegt in den Besitzanteilen des Landes Steiermark, bei den Bergbahnen Planai-Hochwurzen und Hauser Kaibling hält das Land 61,8% bzw. 77,2% der Seilbahngesellschaften.

Ein Sportereignis hat in der Abwicklung internationale Normen zu erfüllen, diese konnten durch Bautätigkeit und entsprechende Organisation umgesetzt werden. Dabei wurden Fördermittel des Landes und des Bundes eingesetzt, die Beschlüsse hierzu gelten als Ausformung von Tourismuspolitik. Eine Auflistung der Förderposten aus dem Jahr 2010 vermittelt einen Eindruck:

- Landesförderung an die Stadt Schladming für Infrastruktur € 10.655.866,07
- Landesförderung für kommunale Ablöse € 465.334,79
- Landesförderung an die Planai-Hochwurzen Bahnen € 23.488.133,93
- Bundesförderungen an die Planai-Hochwurzen Bahnen € 11.585.866,07
- Landesförderungen für den Hauser Kaibling € 7.000.000,00
- Landesförderungen für die Reiteralm € 7.000.000,00

An die Planai-Hochwurzen Bahnen wurden Landes- und Bundesfördermittel im Gesamtwert von € 35.074.000,00 ausgeschüttet, die Gesamtinvestitionen der Planai-Hochwurzen Bahnen werden mit € 52.500.000,00 angegeben. Damit wurden ca. 67% der Gesamtkosten durch Förderungen abgedeckt.[243]

In den folgenden Jahren wurden weitere Förderungen vergeben, diese spielen für die generelle Darstellung der Fördervergabe keine Rolle und werden daher nicht beleuchtet. Es sei nur informativ angemerkt, dass im späteren Verlauf der Finanzierung der Ski-WM Kontroversen innerhalb der Landesregierung auftraten und hier vor allem die Parteien als Gegenspieler agierten. Durch die Gemeindezusammenlegung und die Größe der Veranstaltung wurde Kritik durchaus laut. In der Fußnote findet sich der Versuch einer finanziellen Aufschlüsselung der Gesamtkosten durch die KPÖ wieder, diese werden mit € 144 Mio. für die Ski-WM 2013 beziffert.[244]

# 5.4 Ergebnisse:

Im weiteren Verlauf werden in der Methodik die Forschungsfrage beantwortet, die Ergebnisse aufgezeigt und die Hypothesen überprüft. In Tabelle 9 (auf der nächsten Seite) wird ersichtlich, dass Fördergelder von Nutzen für Betriebe, Gemeinden, Länder und den Bund sind. Damit ist der finanzielle Rahmen für die Durchführung von Projekten und tourismuspolitischen Vorhaben gewährleistet. Es wird betont, dass keine Förderungen in Tabelle 9 vorhanden sind, die nur auf Landesebene generiert werden. In der Auflistung finden sich nur Fonds und Förderungen, die für die Untersuchung eine Relevanz aufweisen. Das bedeute, dass INTERREG bzw. ETZ, ESF und ähnliche Förderformen auf Grund der fehlenden Zweckmäßigkeit in der Analyse vernachlässigt werden können.[245] Die politischen Entscheidungsträger von Szenario Nr. 1 sind eingebunden. Unterschiede in der Tourismuspolitik der Bundesländer werden in der grafischen Darstellung ermittelt und in Verhältnis zueinander gesetzt.

---

243 Vgl.: Landtag Steiermark (2010)
244 Vgl.: KPÖ Steiermark (2011)
245 Vgl.: BKA (2007, S. 9-12)

## Tabelle 9: Toursimusförderungen in den Bundesländern

| Information zur Förderung | Burgenland | Kärnten | Niederösterreich | Oberösterreich | Salzburg | Steiermark | Tirol | Vorarlberg | Wien |
|---|---|---|---|---|---|---|---|---|---|
| **Förderbarwerte (Potenzial)** | | | | | | | | | |
| Werte für 2012 | JA | JA | JA | JA | JA | JA | JA | JA | JA |
| | 2,60% | 9,00% | 3,40% | 4,70% | 24,90% | 9,90% | 35,00% | 8,30% | 2,30% |
| | | | | | | | | | |
| **Förderung durch ÖHT** | | | | | | | | | |
| Werte für 2012 | JA | JA | JA | JA | JA | JA | JA | JA | NEIN |
| | € 115.138,00 | € 222.769,00 | € 64.897,00 | € 134.197,00 | € 1.024.280,00 | € 593.278,00 | € 206.216,00 | € 138.154,00 | € 0,00 |
| | | | | | | | | | |
| **Förderung durch EFRE** | | | | | | | | | |
| Werden nur in Kombination mit nationaler | JA | JA | JA | JA | JA | JA | JA | JA | NEIN |
| Förderung gegeben (mit ÖHT) | | | | | | | | | |
| | | | | | | | | | |
| | | | | | | | | | |
| **Förderung durch ERP-Fonds** | | | | | | | | | |
| Tourismusanteil von 100% Fördermittel | JA | JA | JA | JA | JA | JA | JA | JA | NEIN |
| Zeitraum 2000-2006 | 28,50% | 24,80% | 34,70% | 14,70% | 52,50% | 4,10% | 30,60% | 37,90% | 0,00% |

Quelle: Eigendarstellung, Daten von AWS ERP-Fonds (2012), BMWFJ (2012b) und Prammer (2013)

Zur Erklärung der Messwerte wird angemerkt, dass in der ersten Zeile die sogenannten Förderbarwerte aufgelistet sind. Diese geben Aufschluss über das Potenzial und werden durch die ÖHT ermittelt. Damit erfolgt eine objektive Bewertung und Aufschlüsselung der prozentualen Anteile durch einen Akteure, der nicht in die politische Entscheidungsfindung involviert ist. Die Fördermittel aus den ERP-Fonds sind dagegen von den Bundesländern selbst aufgeteilt und dienen als Indikator für die Dominanz der Tourismuspolitik im Bundesland. Damit lassen sich Rückschlüsse auf den tourismuspolitischen Eigenbedarf der Bundesländer ziehen. In der Hinsicht der Abfolge in Tabelle 9 hängen die ERP-Fonds mit den oberen drei Ausprägungen nicht zusammen. Für die Analyse spielt das keine Rolle, da keine Verbindung zwischen dem oberen Bereich der Tabelle 9 und den ERP-Fonds hergestellt werden muss.[246]

Mit Hilfe der Visualisierung in Tabelle 9 lassen sich Unterschiede in der Ausformung von Tourismuspolitik zwischen den Bundesländern feststellen. Die in Kapitel 2 und Kapitel 3 erwähnten Unterschiede der Länder dienen als Vorlage, zusammen mit Tabelle 9 lassen sich die politischen Effekte herausfinden. Einen weiteren Einfluss auf die Analyse haben die Charakteristika der Bundesländer, diese wurden ebenso bereits erwähnt. Damit lässt sich nun die Hauptfrage diese Untersuchung beantworten: Was erklärt die Unterschiede in der Tourismuspolitik der Bundesländer?[247]

Anhand der sechs Erklärungen und der empirischen Ergebnisse lässt sich die Forschungsfrage beantworten. Die Unterscheidungsmerkmale in tourismuspolitischer Hinsicht zeigen folgende Charakteristika:

Das Interesse an Tourismuspolitik in den Bundesländern variiert. So hat Wien keine Abkommen mit dem Bund für Tourismusförderungen abgeschlossen, folglich ist das Interesse an Tourismuspolitik im Verhältnis zu den anderen Bundesländern weniger ausgeprägt. Durch die ÖHT wird Wien ein Förderbarwerte zugerechnet, trotzdem nimmt das Bundesland keine Fördergelder an. Andere politische Handlungsfelder sind für das Land Wien entscheidend in der Machterhaltung und Legitimation, Tourismuspolitik interessiert die politischen Entscheidungsträger weniger. Dieser Sachverhalt zeigt sich in Tabelle 9 deutlich, da bei Wien ein Nein in der Fördermittelannahme zu finden ist. In allen

---

246Vgl.: Hartl (2011, S. 21-22)
247Vgl.: Plümper (2008, S. 64-77)

anderen Bundesländern werden Fördermittel verwendet, das bedeutet mehr tourismuspolitische Diskussion und Entscheidungen. Durch das Förderwesen in der Tourismuspolitik legitimieren die politischen Entscheidungsträger ihre Handlungen. Bei einem hohen Fördermitteleinsatz im Tourismus muss ein Interesse an Tourismuspolitik vorliegen, sonst würden die tourismuspolitisch Entscheidenden nicht handeln. Eine Sinnhaftigkeit der rationalen Handlungsweise könnte sonst angezweifelt werden.[248]

Der Grad der Industrialisierung erklärt den zweiten Unterschied zwischen der Tourismuspolitik der Bundesländer. In den Ergebnissen der Empirie wird dies bestätigt, da ersichtlich wird, dass Oberösterreich und die Steiermark einen höheren Grad an Industrialisierung aufweisen als andere Bundesländer. In der prozentualen Aufteilung der ERP-Fonds in Tabelle 9 zeigt sich der Sachverhalt, die beiden Bundesländer haben in der Periode 2000 bis 2006 nur 14,70% bzw. 4,10% der ERP-Fonds in den Tourismus investiert. Im Gegenzug weisen Oberösterreich und die Steiermark die höchsten ERP-Fond Investitionen im Bereich technologischer Forschung und Entwicklung auf. Beide Bundesländer haben hier Investitionswerte über 10%, kein anderes Bundesland zeigt diese Ausformung. Die Indizien sprechen dafür, dass durch die Industrie die Wirtschaft gestärkt wird und der Faktor Tourismus dadurch in den Hintergrund rückt.[249]

In der dritten Erklärung findet sich die Abhängigkeit von Tourismus, damit differenzieren sich die tourismuspolitischen Bestrebungen der Bundesländer in einer weiteren Form. Im Vergleich zeigt sich, dass die Bundesländer Wien, Oberösterreich und Steiermark weniger abhängig vom Tourismus sind als andere. Der Grad der Industrialisierung hat darauf einen Einfluss, durch einen höheren Industrieanteil im Bundesland lässt sich die Abhängigkeit von Tourismus minimieren. Tourismuspolitik rückt in diesem Fall in den Hintergrund und der Druck auf die politischen Entscheidungsträger schwindet in tourismuspolitischer Hinsicht. Im Kontrast dazu sind vor allem Kärnten, Salzburg und Tirol gegen Ausfälle im Tourismus wenig immun. Das findet in der Tourismuspolitik entsprechend Niederschlag, die Steigerung von Nächtigungen und die Optimierung von Wirtschaft und Beschäftigung werden in Kärnten, Salzburg und Tirol verstärkt tourismuspolitisch verarbeitet. Die drei Bundesländer weisen die höchste Anzahl an Beherbergungsbetrieben auf, dies ist eine weitere Bestätigung der Abhängigkeit. Sollten durch die Tourismuspolitik keine positive

248 Vgl.: Tourismus in Zahlen 2012 (2012b, S. 22)
249 Vgl.: Plümper (2008, S. 64-77)

Wirtschaftsleistungen erzielt werden, dann ist eine große Anzahl an tourismusspezifischen Betrieben davon betroffen. Zwischen den Erklärungen Grad der Industrialisierung und der Abhängigkeit lassen sich Parallelen ziehen, beide Faktoren zielen auf eine funktionierende Wirtschaft ab. Die politischen Entscheidungsträger möchten diese erreichen, entweder mit mehr oder weniger tourismuspolitischer Tätigkeit.[250]

Die vierte Erklärung sieht die Stärkung von strukturschwachen Regionen vor. Im Rahmen der Tourismuspolitik nimmt das Förderwesen eine wichtige Rolle ein, daher lassen sich die Werte zu Förderungen als Indikatoren nutzen. Die Fördergelder werden für die Stärkung von strukturschwachen Gebieten verwendet, auch im Sinne der Tourismuspolitik. Das zeigt sich im Phasing Out Programm für das Burgenland.[251] Aber auch in den anderen Bundesländern gibt bzw. gab es strukturschwache Tourismusregionen, z.B. Osttirol, der Lungau, Waldviertel, Weinviertel, Südoststeiermark, usw. Mit Hilfe der Tourismuspolitik und entsprechenden Förderungen wird versucht, die Strukturschwäche zu kompensieren. Die in Tabelle 9 dargestellten Tourismusförderungen dienen der Kompensation von regionaler Strukturschwäche. Es fließt dadurch weniger Geld in tourismusintensive und strukturstarke Regionen, in diesen besteht eine geringe Notwendigkeit zur Förderung.[252]

Das zukünftige touristische Potenzial bildet einen Faktor in der Umsetzung von Tourismuspolitik. Durch verstärkte Investitionen im Tourismus werden zukünftige Entwicklung geprägt. Für die politischen Entscheidungsträger bedeutet das eine starke Fokussierung in der Tourismuspolitik. Ohne die tourismuspolitische Schwerpunktsetzung kann das zukünftige Potenzial nicht genutzt werden. Speziell das Bundesland Salzburg zeigt hier besondere Ausprägungen in Tabelle 9, sowohl bei ERP-Fonds zwischen 2000-2006[253] als auch bei den ÖHT Förderungen 2012.[254] Beide Werte sind hoch, dies zeugt von einer intensiven Tourismuspolitik und Spezialisierung dieser. Gegenüber anderen Bundesländern will man einen höheren Grad an Professionalisierung und Tourismuspolitik erreichen und auf das wirtschaftliche Zugpferd Tourismus setzen.

Die sechste Erklärung zeigt die tourismuspolitische Unterscheidung in der Nutzung von kulturellen Gegebenheiten und Infrastruktur. In manchen Bundesländern wird dieser

---

250Vgl.: Statistik Austria, Anzahl der Betriebe und Betten nach Bundesländern und Unterkunftsarten 2013
251Vgl.: Burgenländische Landesregierung (2009, S. 29-32)
252Vgl.: BKA (2001, S. 80-83)
253Vgl.: BMWFJ (2013c, S. 26)
254Vgl.: Prammer (2013)

Thematik von den Entscheidungsträgern der Tourismuspolitik mehr Aufmerksamkeit geschenkt als in anderen. Innerhalb der fünf Dimensionen von Tourismuspolitik findet sich die Kulturpolitik, die Ressourcennutzung in dem Bereich unterscheidet sich zwischen den Bundesländern. Die Städte in Österreich weisen hier eine andere Strukturierung auf als die ländlichen Gebiete. Vor allem in Wien zeigt dies spezielle Auswirkungen, dort ist der Faktor Kultur entscheidender für die Tourismuspolitik als in den anderen acht Bundesländern. Das kulturelle Angebot ist sowohl durch die Infrastruktur als auch historisch begründet, aber die Möglichkeit der Nutzung fällt in das tourismuspolitische Aufgabengebiet. In den Landeshauptstädten gibt es ein ähnliches Angebot, z.B. Innsbruck, Salzburg und Graz, aber im ländlichen Bereich reduziert sich das kulturelle Moment. Die Restaurierung, Betreuung und Vermarktung von kulturellen Nutzungsobjekten findet in der Tourismuspolitik Niederschlag. In der Intensität der Nutzung von vorhandener Kulturinfrastruktur unterscheidet sich die Bundesländer tourismuspolitisch. Die touristische Nutzung der historischen Gebäude in den Städten ist ein Beleg für das tourismuspolitische Interesse der Entscheidungsträger. Die Unterschiede in der Tourismuspolitik finden sich in der sechsten Annahme weniger zwischen den Bundesländern, aber zwischen Städten und ländlichen Gebieten.[255]

Nach den Ergebnissen der Analyse und der Beantwortung der Forschungsfrage lassen sich abschließend die Antworten auf die vier Hypothesen finden. Die Annahmen aus Kapitel 2 korrelieren mit den Ergebnissen der empirischen Untersuchung.

**H1:** Wenn die politischen Entscheidungsträger der Bundesländer eingebunden sind, dann erhöhen sich die Chancen, dass touristische Projekte umgesetzt werden.

Eine Umsetzung ohne politische Ebene findet nicht statt, somit kann diese Hypothese mit ja beantwortet werden. Die Strukturen im Tourismus wurden historisch so aufgebaut, dass die Kompetenzen auf politischer Ebene zu finden sind. Als Begründung ist hier die Landesgesetzgebung zu nennen, auf diese baut der Handlungsspielraum im Tourismus auf. Die Verbindlichkeit der Landesgesetzgebung betrifft alle Bereiche des Tourismus und in Fragen der Finanzierung wird es ohne politische Beteiligung schwer. Regelungen der Tourismuspolitik umfassen beispielsweise Nutzungsrechte, Bescheide, Entscheidungen zur Raumordnung, UVPs, Mittelaufbringung finanzieller Natur, Strategieentwicklungen,

---

255Vgl.: Smeral (1994, S.97-98)

Förderungen, Großveranstaltungen, usw. Erst diese Regelungen erlauben es, den Tourismus in politischer Hinsicht auszuführen, jede Entwicklung wird dadurch beeinflusst und kontrolliert.

**H2:** Je strukturschwächer eine Region oder ein Ort ist, desto leichter sind Förderungen zu bekommen.

Auch diese Hypothese kann mit ja beantwortet werden, für strukturschwache Regionen wie das Burgenland, ist es einfacher, Förderungen zu bekommen.[256] Die Voraussetzungen für Förderungen sind besser, wenn die Region strukturelle Schwächen aufzeigt. Im Zuge der Sinnhaftigkeit von Förderungen, ist eine Selektion nach diesen Gesichtspunkten auf jeden Fall als positiv einzuschätzen. Fördermittel sollen als Startpunkt zur nachhaltigen Wirtschaftlichkeit gesehen werden, daher muss eine effiziente Gestaltung von Tourismuspolitik passieren. Ziel ist es, zukünftigen Entwicklungen mit effizienter Fördermittelverteilung und ausgewogener Koordination zu begegnen. Im strukturellen Aufbau der Förderungen liegt noch Potenzial, durch die Bundesländerkompetenz in der Tourismuspolitik finden sich Umwege in der Verteilung. Eine zentrale Koordination nur auf Bundesebene kann hier möglicherweise Abhilfe schaffen, dies bringt jedoch Probleme in der politischen Kompetenzverteilung und wird derzeit von den Ländern nicht angestrebt.[257]

**H3:** Je weniger Akteure in Entscheidungen eingebunden sind, desto optimaler gestaltet sich die Tourismuspolitik.

Im Sinne der Veto-Player Theorie wird die Änderung des Status quo leichter erzielt, wenn nur wenige Akteure miteinander agieren. Diese Hypothese kann nicht bestätigt werden, die Effizienz in der Entscheidung hängt nicht direkt mit der Anzahl der Akteure zusammen. Hier spielen Fachwissen, Wettbewerb und Gegenspieler eine große Rolle, pauschal kann daher nicht die Anzahl der Akteure entscheidend sein. In der Natur- und Umweltpolitik müssen beispielsweise Faktoren für oder gegen ein tourismuspolitisches Projekt eruiert werden, diese führen zur Effizienz der Entscheidung. Das kann bedeuten, dass viele Akteure benötigt werden oder nicht, das ist abhängig vom Fall und den genannten Faktoren.

---

256Vgl.: Club Tourismus (S. 1-3)
257Vgl.: BMWFJ (2010b)

**H4:** Je größer der finanzielle Aufwand eines touristischen Sachverhalts, desto wahrscheinlicher ist die Beteiligung des Landes oder Bundes.[258]

Hypothese 4 kann auf jeden Fall mit einem ja beantwortet werden. Wie bereits in der Theorie erwähnt, kommt es bei finanziell aufwändigen Projekten zur Förderbeteiligung von Bund und/oder Land. Die Grenzen hierbei sind in der Tourismusstrategie des Bundes festgelegt: Bei Beträgen bis € 100.000 fördern die Länder, bis € 3 Mio. der Bund und ab € 3 Mio. Bund und Länder gemeinsam. Das Interesse der Länder und des Bundes liegt auf der Verbesserung von Wirtschaft und Beschäftigung. Wenn es zusätzlich zur Optimierung eines umweltpolitischen, kulturpolitischen oder infrastrukturellen Sachverhaltes kommt, dann erweitert sich die Zweckmäßigkeit der Förderung.[259]

---

258Vgl.: Tsebelis (2002 S. 33-43)
259Vgl.: BMWFJ (2010b, S. 12)

# 6 Conclusio:

Das Themengebiet des Tourismus und der Tourismuspolitik ist in der politikwissenschaftlichen Forschung als wenig behandelt anzusehen und dies stellte einen der Beweggründe für diese Untersuchung dar. Was erklärt die Unterschiede in der Tourismuspolitik der Bundesländer? So lautete die Fragestellung. Als Forschungsgebiet konnte die Interaktion zwischen und in den Bundesländern in der Tourismuspolitik abgesteckt werden. Eine wichtiger Faktor war die Analyse der Begrifflichkeiten in der Theorie. In der historischen Entwicklung gab es unterschiedliche Formen und Strömungen in der Tourismusforschung. Erste Ansätze sind der geografischen Wissenschaft zuzuordnen, später erfolgten Untersuchungen durch Soziologen, Wirtschaftswissenschaftlern, Historikern und Rechtswissenschaftlern. In der Politikwissenschaft wurde das Thema Tourismuspolitik bis dato stiefmütterlich behandelt, dabei zeigt sich hier ein essentielles Feld der politischen Interaktion, speziell in Österreich.

Die Definition von Tourismuspolitik war eine erste Herausforderung, mit Hilfe der Tourismus-Theoretiker in der Schweiz und Deutschland wurde hier ein effizienter Weg gefunden. Fünf essentielle Dimensionen der Politik sind Bestandteile der Tourismuspolitik und lenken diese. Da die Tourismuspolitik einen sehr lebhaften und kurzfristig steuerbaren Bereich darstellt, ist es wichtig, in flexibler Art und Weise zu handeln. Der Forschungsstand in Österreich ist erweiterbar und eine Forcierung der Themenbearbeitung in der Politikwissenschaft kann als begrüßenswert eingestuft werden. Ziel dieser Untersuchung war eine Analyse Unterschiede in der Tourismuspolitik der Bundesländer. Welche Gemeinsamkeiten und Unterschiede lassen sich feststellen und gehen über die geografischen und historischen Bedingungen hinaus. Essentiell waren die politischen Unterschiede und Wirkungen, diese wurden in sechs Erklärungen zusammengefasst. Die Faktoren, die eine Differenzierung in der Umsetzung von Tourismuspolitik in den Bundesländern zeigten, sind die folgenden: Das Interesse an Tourismuspolitik, der Grad an Industrialisierung, die Abhängigkeit von Tourismus, die Stärkung strukturschwacher Regionen, das zukünftige touristische Potenzial und die Nutzung von kulturellen Gegebenheiten. In der Analyse der Bundesländer konnten die sechs Faktoren mit den tourismuspolitischen Ausformungen in den Ländern in Bezug gebracht werden und es ergaben sich Differenzen in der Tourismuspolitik. In der Empirie erfolgte anschließend eine Aufstellung der Tourismusförderungen, diese erbrachte die Beweise für die tourismuspolitischen Annahmen. Der Grad der Industrialisierung, das Interesse am Tourismuspolitik, das zukünftige Potenzial, die Stärkung von Regionen und die Abhängigkeit von Tourismus sind als essentielle tourismuspolitische Unterschiede zum Vorschein gekommen. Zwischen den Bundesländern variieren diese tourismuspolitischen Faktoren. Die Nutzung der kulturellen Gegebenheiten zeigt dagegen keine großen Effekt in der Differenzierung der Tourismuspolitik in den Bundesländern. Interessant und überraschend in der Untersuchung war, dass Wien generell keine Tourismusförderungen annimmt. Mit diesem Ergebnis wurde nicht gerechnet, auch wenn die Gründe hierfür plausibel erscheinen. Generell kann das Ergebnis in der Empirie als positiv gewertet werden, da drei von vier Hypothesen mit ja beantwortet wurden.

Kritische Einschätzungen gibt zu den Förderungen im Zuge des Tourismus. Hier sind, durch laufende strukturelle Änderungen von EU-Förderungen, große Probleme in der Übersichtlichkeit auszumachen. Teilweise entsteht das Gefühl, dass Förderungen in jeder Förderperiode umbenannt werden und die Regionen ständig neue Grenzen bekommen. Auf der Bundes- und Landesebene in Österreich sind Förderungen noch übersichtlich, aber es lassen sich auch hier koordinative Aufgaben im Förderwesen mit Sicherheit noch verbessern. Die Entscheidungsträger der Bundesländer sollten in ihrer tourismuspolitischen Macht nicht beschnitten werden. Charakteristisch ist der hohe Grad an Professionalität in der Tourismuspolitik der Bundesländer im internationalen Vergleich. Zukünftige Forschungsfelder haben sich im Laufe der Untersuchung herauskristallisiert, so ist eine weitere Analyse der Fördermittel und -stellen durchaus möglich. Außerdem wäre es sehr interessant, eine Verbindung zwischen Tourismuspolitik und Tourismusmarketing herzustellen, speziell die Bundesebene (Reinhold Mitterlehner) betont die gute Zusammenarbeit mit der ÖW (Petra Stolba). Hier einen Ansatzpunkt zu finden, würde sich lohnen. Ein Ausblick in die Zukunft ist positiv zu werten, Tourismus hat zwar das Schwert des Damokles in Form von fehlender Nachfrage und Frequenz über sich, aber durch die Flexibilität im tourismuspolitischen System in Österreich finden sich viele Kompensationsinstrumente.

# 7 Literatur:

AHK – Deutsche Auslandshandelskammer, Entwicklungen in den österreichischen Bundesländern, vom 05.06.2013. Abgerufen von http://ahk.de/ahk-news/detail-view/artikel/entwicklung-in-den-oesterreichischen-bundeslaendern, am 16.03.2014

APA, AK: Tourismuspolitik besser durchdenken, vom 14.07.1998. Abgerufen von http://www.ots.at/presseaussendung/OTS_19980714_OTS0129/ak-tourismuspolitik-besser-durchdenken, am 06.03.2014

APA, Wirtschaftsbund Günstiges Geld: Tourismusförderung für Wiener Betriebe besser nutzen!, vom 11.02.2010. Abgerufen von http://www.ots.at/presseaussendung/OTS_2010 0211_OTS0213/wirtschaftsbund-guenstiges-geld-tourismusfoerderung-fuer-wiener-betriebe-besser-nutzen-bild, am 04.04.2014

APA, Wien weiterhin im Spitzenfeld des europäischen Spitzentourismus, vom 21.02.2012. Abgerufen von http://www.ots.at/presseaussendung/OTS_20120321_OTS0057/wien-weiterhin-im-spitzenfeld-des-europaeischen-staedtetourismus-bild, am 16.03.2014

Austria Forum, Gemeindepolitik, erstellt am 17.08.2009. Abgerufen von http://www.austria-lexikon.at/af/AEIOU/Gemeindepolitik, am 05.03.2014

AWS ERP-Fonds [Hrsg.]. 2012. ERP-Jahresbericht 2011 (Erstellt am 27.04.2012). Wien: ERP-Fonds. Abgerufen von http://www.awsg.at/Content.Node/files/sonstige/Jahresbericht-ERP-Fonds_2011.pdf, am 04.04.2014

Bergfex, Pauschalangebote Österreich. Abgerufen von http://www.bergfex.at/oesterreich/pauschalangebote, am 15.01.2014

BKA – Bundeskanzleramt, Rechtsgrundlagen der Kunstförderung. Abgerufen von http://www.kunstkultur.bka.gv.at/site/8079/default.aspx, am 10.04.2014

BKA – Bundeskanzleramt [Hrsg.]. 2001. Regionalförderung als Lernprozess : Förderungen des Bundeskanzleramtes für eigenständige Regionalentwicklung. Wien: BKA. Abgerufen von http://www.bka.gv.at/DocView.axd?CobId=3372, am 04.04.2014

BKA – Bundeskanzleramt [Hrsg.]. 2002. Systemtheoretische Beurteilung und Weiter-entwicklung von regionalpolitischen Interventionen: Endbericht (erstellt durch invent GmbH und ÖAR-Regionalberatung GmbH). Wien: BKA. Abgerufen von http://www.bka.gv.at/ DocView.axd?CobId=3380, am 01.04.2014

BKA – Bundeskanzleramt [Hrsg.]. 2007. innovative strategien: regionalentwicklung und eu-strukturpolitik in österreich. Wien: BKA. Abgerufen von http://www.bka.gv.at/DocView.axd? CobId=31432, am 04.04.2014

BKA – Bundeskanzleramt [Hrsg.]. 2011. Regionalpolitik: Die Kraft der Regionen: Was 15 Jahre Regionalmanagement in Österreich bewirkt haben. Wien: BKA. Abgerufen von http://www.bka.gv.at/DocView.axd?CobId=42253, am 04.04.2014

BMWFJ – Bundesministerium für Wirtschaft, Familie und Jugend [Hrsg.]. 2009. Tourismus Förderungen 2009/2010: Wirtschaftsministerium & ÖHT – Ihre Partner für Finanzierungen. Wien: BMWFJ. Abgerufen von https://www.wko.at/Content.Node/branchen/oe/Hotellerie/ Service/A4_Folder_Tourismusfoerderung_minimiert.pdf, am 04.04.2014

BMWFJ – Bundesministerium für Wirtschaft, Familie und Jugend [Hrsg.]. 2010a. Tourismusstrategische Ausrichtung 2015 – Wachstum durch Strukturwandel: Kurzfassung. Wien: BMWFJ. Abgerufen von http://www.bmwfw.gv.at/Tourismus/TourismusstudienUnd Publikationen/Documents/KF%20Tourismusstrategische%20Ausrichtung%202015_Wach stum%20durch%20Strukturwandel.pdf, am 16.03.2014

BMWFJ – Bundesministerium für Wirtschaft, Familie und Jugend [Hrsg.]. 2010b. Neue Wege im Tourismus. Wien: BMWFJ. Abgerufen von http://www.bmwfw.gv.at/Tourismus/ Documents/Strategie_Neue%20Wege%20im%20Tourismus.pdf, am 05.04.2014

BMWFJ – Bundesministerium für Wirtschaft, Familie und Jugend [Hrsg.]. 2010c. Ein Job im Tourismus (4. Auflage). Wien: BMWFJ. Abgerufen von https://www.wko.at/_ Content.Node/branchen/ooe/Ein_Job_im_Tourismus_6.pdf, am 04.04.2014

BMWFJ – Bundesministerium für Wirtschaft, Familie und Jugend [Hrsg.]. 2012a. 2010 – 2012: 2 Jahre Tourismusstrategie: Neue Wege im Tourismus. Wien: BMWFJ. Abgerufen von http://www.bmwfw.gv.at/Tourismus/Documents/Folder_Tourismusstrategie %202012.pdf, am 04.04.2014

BMWFJ – Bundesministerium für Wirtschaft, Familie und Jugend [Hrsg.]. 2012b. Tourismus in Österreich 2012: Ein Überblick in Zahlen. Wien: BMWFJ.

BMWFJ – Bundesministerium für Wirtschaft, Familie und Jugend [Hrsg.]. 2012c. Klimawandel und Tourismus in Österreich 2030: Auswirkungen, Chancen & Risiken, Optionen & Strategien: Studien-Kurzfassung. Wien: BMWFJ. Abgerufen von http://www.bmwfw.gv.at/Tourismus/TourismusstudienUndPublikationen/Documents/Studie %20Klimawandel%20u.%20Tourismus%20in%20%C3%96.%202030%20Kurzfassung.pdf, am 18.03.2014

BMWFJ – Bundesministerium für Wirtschaft, Familie und Jugend [Hrsg.]. 2013a. Aktionsplan Tourismus 2013: Bregenz, 25. April 2013. Wien: BMWFJ. Abgerufen von http://www.bmwfw.gv.at/Tourismus/Documents/Aktionsplan%202013.pdf, am 04.04.2014

BMWFJ – Bundesministerium für Wirtschaft, Familie und Jugend [Hrsg.]. 2013b. Ein Tourismus-Satellitenkonto für Österreich: Methodik, Ergebnisse und Prognosen für die Jahre 2000 bis 2014. Wien: BMWFJ. Abgerufen von http://www.bmwfw.gv.at/Tourismus/To_ urismusstudienUndPublikationen/Documents/TSA_Ö_2000-2014_HP.pdf, am 06.02.2014

BMWFJ – Bundesministerium für Wirtschaft, Familie und Jugend [Hrsg.]. 2013c. Tourismus in der EU-Strukturfondsperiode 2014-2020: Expertenpapier. Wien: BMWFJ und ÖIR GmbH. Abgerufen von http://www.bmwfw.gv.at/Tourismus/Tourismusfoerderung /Documents/Expertenpapier_Tourismus_OeIR_final.pdf, am 17.03.2014

BMWFJ – Bundesministerium für Wirtschaft, Familie und Jugend [Hrsg.]. 2013d. Die Organisation des Tourismus in Österreich. Wien: BMWFJ. Abgerufen von http://www.bmwfw.gv.at/Tourismus/TourismusInOesterreich/Documents/organisationshand buch%20November%202013.pdf, am 03.03.2014

BMWFJ – Bundesministerium für Wirtschaft, Familie und Jugend [Hrsg.]. 2013e. Die österreichische Tourismusstrategie. Wien: BMWFJ. Abgerufen von http://www.bmwfw.gv .at/Tourismus/Documents/Tourismusstrategie%202013_19%204.pdf, am 03.03.2014

BMWFW, Neue Tourismusrekorde unterstützen Konjunktur und sichern Wachstum und Arbeitsplätze. Abgerufen von http://www.bmwfw.gv.at/Presse/AktuellePressemeldungen/ Seiten/MitterlehnerNeueTourismusrekordeunterstützenKonjunkturundsichernWachstumun dArbeitsplätze.aspx, am 03.02.2014

BMWFW, Tourismus in Österreich. Abgerufen von http://www.bmwfw.gv.at/TOURISMUS/ TOURISMUSINOESTERREICH/Seiten/default.aspx, am 17.03.2014

Bochert, Ralf. 2007. Tourismuspolitik: Ordnungspolitik der Tourismusmärkte (2. Auflage). Berlin: Uni-Edition.

BÖTM – Bundesverband Österreichischer Tourismusmanager [Hrsg.]. 2000. Der Tourismusmanager im 21. Jahrhundert (BÖTM-Reihe Nr. 40). Bregenz: Eigenverlag des BÖTM.

Bundesministerium für Landesverteidigung und Sport [Hrsg.]. 2012. Sportförderbericht Sportgrossevents, Ausgabe 1. Wien: Sportministerium. Abgerufen von http://www.sportministerium.at/files/doc/Sportbericht/Sportfoerderbericht_Sportgrossevents _Ausgabe1.pdf, am 20.03.2014

Bundes-Verfassungsgesetz. 2004. BVG Artikel 17: in Bundeskanzleramt Rechtsinformationssystem, Dokumentnummer NOR40045744. Inkrafttretensdatum 01.01.2004. Abgerufen von https://www.ris.bka.gv.at/Dokument.wxe?Abfrage=Bundes normen&Doku mentnummer=NOR40045744, am 05.03.2014

Burgenländische Landesregierung [Hrsg.]. 2009. Operationelles Programm Phasing Out Burgenland 2007-2013 – EFRE. Wien: Österreichisches Institut für Raumplanung. Abgerufen von http://www.oerok.gv.at/fileadmin/Bilder/3.Reiter-Regionalpolitik/2.EU-SF_in_OE_07-13/2.3_Ziel_Konvergenz/B2_2007AT161PO001_annex_I.pdf, am 02.04.2014

Club Tourismus, Tourismusförderung 2007-2013. Abgerufen von http://oearat.web06.vss.kapper.net/wp-content/uploads/097DBS_nachbericht ct_tourismusfoerd.pdf, am 04.04.2014

Dasch, Maximilian [Hrsg.]. Tourismus liefert neue Rekorde, in den Salzburger Nachrichten vom 29.01.2014, S. 13.

Der Standard, Überblick: Alpine Weltmeisterschaften, vom 29.05.2008. Abgerufen von http://derstandard.at/3355184, am 15.03.2014

Der Standard, ÖVP-Länderchefs fordern eigene Steuern, vom 06.02.2014. Abgerufen von http://derstandard.at/1389859563975/OeVP-Landeschefs-wollen-Landessteuern-einfuehren, am 05.04.2014

Dirninger, Christian. 2006. Zur historischen Dimension des Salzburger Tourismusförderungsfonds: Unter besonderer Berücksichtigung der Rolle der Wirtschaftskammer Salzburg. Puch, Salzburg: Forschung Urstein GmbH, Zentrum f. Zukunftsstudien.

Doppelmayr, Doppelmayr mit Rekordumsatz, vom 28.11.2013. Abgerufen von http://newsroom.doppelmayr.com/de/doppelmayr/news/doppelmayr-mit-rekordumsatz news/, am 16.03.2014

Ebel, Horst [Hrsg.]. 2014. Wir sind vor allem ein Dienstleistungunternehmen (Interview mit Dir. Georg Bliem), in Mountain Manager, 01/2014, S. 54-58.

Ebner, Anton; Klambauer, Hans-Peter; Steindl, Adolf. 1985. Fremdenverkehrlehre. Wien: Österreichischer Gerwerbeverlag.

EUREGIO, Tirol, Südtirol, Trentino. Abgerufen von http://www.europaregion.info /de/
default.asp, am 15.03.2014

Feilmayr, Wolfgang. 2007. Regionale Toursimusplanung- und Analyse. Wien: Technische
Universität. Abgerufen von http://www.srf.tuwien.ac.at/feil/lehrunterlagen/tur.pdf, am
17.03.2014

Freyer, Walter. 2000. Empfehlungen zur formalen Gestaltung von wissenschaftlichen
Arbeiten im Tourismus. Dresden: TU Dresden.

Freyer, Walter. 2000. Ganzheitlicher Tourismus : Beiträge aus 20 Jahren
Tourismusforschung. Dresden: TU Dresden.

Freyer, Walter. 2011. Tourismus : Einführung in die Fremdenverkehrsökonomie (10.
Auflage). München; Wien: Oldenbourg Verlag.

Grumer, Lennart. 2011. Die Vetospielertheorie nach George Tsebelis am Beispiel der
deutschen Parteiendemokratie, im Journal für Generationengerechtigkeit (11. Jahrgang,
2/2011). Abgerufen von http://www.ssoar.info/ssoar/bitstream/handle
/document/26749/ssoar-jgen-2011-2-grumer-die_vetospielertheorie_nach_george
_tsebelis.pdf?sequence=1, am 04.04.2014

Haas, Hanns; Hoffmann, Robert; Luger, Kurt [Hrsg.]. 1994. Weltbühne und Naturkulisse:
Zwei Jahrhunderte Salzburg-Tourismus. Salzburg: Pustet Verlag.

Hartl, Franz. 2010. Tourismusförderungen in Österreich. Präsentation bei der
Generalversammlung 17. Juni 2010. Abgerufen von http://www.sgh.ch/fileadmin/
documents/Downloads/GV/2010/SGH_GV_2010_Referat_Hartl.pdf, am 14.04.2014

Hartl, Thomas. 2011. Die österreichische Landestourismusgesetze – Ein kritischer
Vergleich. Wien: Diplomarbeit an der Universität Wien.

Huber, Sebastian [Hrsg.]. 2004. Wirtschaftsleitbild: Kurzfassung. Salzburg: Land Salzburg.
Abgerufen von http://www.salzburg.gv.at/kurzfassung_wlb_07-2004.pdf, am 08.02.2014

Huber, Sebastian [Hrsg.]. Strategieplan Tourismus Salzburg. Salzburg: Land Salzburg. Abgerufen von http://www.salzburg.gv.at/langfassung-2.pdf, am 04.03.2014

Huber, Sebastian [Hrsg.]. 2011. Salzburg. Standort Zukunft.: Wirtschaftsprogramm Salzburg 2020. Salzburg: Land Salzburg. Abgerufen von http://www.salzburg.gv.at/ssz-wipro2020.pdf, am 07.03.2014

Huber, Sebastian [Hrsg.]. 2013. Salzburger Tourismus: Gesund. Innovativ. Nachhaltig. Strategieplan Tourismus 2020. Salzburg: Land Salzburg. Abgerufen von http://www.salzburg.gv.at/strategieplan_2020_-_internetversion.pdf, am 04.04.2014

Iwersen-Sioltsidis, Susanne; Iwersen, Albrecht. 1997. Tourismuslehre: Eine Einführung. Bern [u.a.]: Haupt Verlag.

Kahlenborn, Walter. 1999. Tourismus- und Umweltpolitik: Ein politisches Spannungsfeld (Beiträge zur internationalen und Europäischen Umweltpolitik). Berlin [u.a.]: Springer Verlag.

Kärntner Wirtschaftsförderungs Fonds. 2007. Regionale Wettbewerbsfähigkeit Kärnten 2007-2013: Operationelles Programm. Klagenfurt: KWF. Abgerufen von http://www.kwf.at/downloads/deutsch/EU/KWF_Operationelles_Programm_Ziel_2_Kaernten.pdf, am 14.03.2014

Kaspar, Claude. 1991. Die Tourismuslehre im Grundriß (St. Galler Beiträge zum Tourismus und zur Verkehrswirtschaft: Reihe Tourismus 1; 4. Auflage). Bern [u.a.]: Haupt Verlag.

Kleine Zeitung, Tourismusgesetz trat mit 1. Jänner in Kraft, vom 02.01.2013. Abgerufen von http://www.kleinezeitung.at/nachrichten/wirtschaft/3206419/tourismusgesetz-trat-1-jaenner-kraft.story, am 04.04.2014

KPÖ Steiermark, Schi-WM Schladming: Hohe Kosten verschleiert, vom 21.02.2011. Abgerufen von http://www.kpoe-steiermark.at/schi-wm-schladming-hohe-kosten-verschleiert.phtml, am 01.04.2014

Kramer, Dieter. 1983. Der sanfte Tourismus: Umwelt- und sozialverträglicher Tourismus in den Alpen. Wien: Österreichischer Bundesverlag.

Kramer, Dieter. 1990. Tourismus-Politik: Aufsätze aus 12 Jahren Tourismus-Diskussion. Münster [u.a.]: Lit-Verlag.

Krippendorf, Jost; Kramer, Bernhard; Müller, Hansruedi. 1987. Freizeit und Tourismus: Eine Einführung in die Theorie und Politik (2. Auflage). Bern: Berner Studien zum F.

Kurier, Steiermark verliert den Eispalast an OÖ, vom 21.11.2013. Abgerufen von http://kurier.at/chronik/oesterreich/steiermark-verliert-den-eispalast-an-ooe/36.831.687, am 16.03.2014

Kurier, Hoteliers fordern neues Tourismusgesetz, vom 27.11.2013. Abgerufen von http://kurier.at/chronik/burgenland/hoteliers-fordern-neues-tourismusgesetz/37.837.132, am 05.04.2014

Land Burgenland [Hrsg.]. 2010. Gemeinsam die Zukunft gestalten!: Regierungsprogramm. Eisenstadt: Land Burgenland. Abgerufen von http://www.burgenland.at/media/file/ 1569_Regierungserklaerung_XXGP.pdf, am 08.03.2014

Land Burgenland, Tourismusgesetz. Abgerufen von http://www.burgenland.at/tourismus/ tourismusgesetz, am 08.03.2014

Land Salzburg. 2001. Bericht. Nr. 192: in den Beilagen zum stenographischen Protokoll des Salzburger Landtages der 4. Session der 12. Gesetzgebungsperiode. Abgerufen von http://www.salzburg.gv.at/lpi-meldung?nachrid=16336, am 14.01.2014

Land Salzburg, Landesgesetzblatt, Jahrgang 2006, Kundmachung vom 15.05.2006. Abgerufen von http://service.salzburg.gv.at/publix/Index?cmd=dokumentansehen& prodextern=true&veroeffentlichungid=828&gruppeldap=lgbl, am 07.03.2014

Land Salzburg, Landeshauptmann Dr. Wilfried Haslauer. Abgerufen von http://www.salzburg.gv.at/pol/landesregierung/haslauer.htm, am 07.03.2014

Land Salzburg, Landeshauptmann-Stellvertreterin Dr. Astrid Rössler. Abgerufen von http://www.salzburg.gv.at/pol/landesregierung/roessler.htm, am 07.03.2014

Land Salzburg, Landesrat Hans Mayr. Abgerufen von http://www.salzburg.gv.at/pol/ landesregierung/lrmayr.htm, am 07.03.2014

Land Salzburg, Vollziehung von tourismusrelevanten Landesgesetzen. Abgerufen von http://www.salzburg.gv.at/themen/wt/tourismus/tourismusrecht/tourismusgesetze.htm, am 07.03.2014

Land Salzburg, Vertretung der Tourismusbelange des Landes bei diversen Institutionen und Gremien. Abgerufen von http://www.salzburg.gv.at/themen/wt/tourismus_ /tourismuspolitik/tourismusvertretung.htm, am 08.03.2014

Land Salzburg, Fachbereich 1/04 Tourismus. Abgerufen von http://www.salzburg.gv.at/themen/wt/tourismus.htm, am 07.03.2014

Land Salzburg, Konzeption und Erarbeitung von Strategien. Abgerufen von http://www.salz burg.gv.at/themen/wt/tourismus/tourismuspolitik/tourismusstrategien.htm, am 08.03.2014

Land Steiermark, Steiermärkisches Tourismusgesetz 1992. Abgerufen von http://www.verwaltung.steiermark.at/cms/ziel/74837073/DE, am 15.03.2014

Land Vorarlberg, Maßnahmen Tourismusstrategie 2020. Abgerufen von http://www.vorarlberg.at/pdf/massnahmentourismusstrate.pdf, am 16.03.2014

Land Vorarlberg, Tourismusstrategie 2020. Abgerufen von http://www.vorarlberg.at/pdf/tourismusstrategie2020.pdf, am 16.03.2014

Land Wien, Zu Gast in Wien. Abgerufen von http://www.wien.gv.at/tourismus, am 16.03.2014

Land Wien, Fundstellen der Rechtsvorschrift. Abgerufen von http://www.wien.gv.at/recht/_ landesrecht-wien/rechtsvorschriften/html/w1200000.htm?S0=tourismusfoerderung#P0, am 16.03.2014

Landesregierung Kärnten [Hrsg.]. 2011. Erläuterungen zum Entwurf eines Gesetzes über die Neuregelung der Organisation und der Finanzierung des Tourismus in Kärnten, in der Regierungsvorlage zu Zl. -2V-LG-1406/50-2011, vom 26.08.2011. Abgerufen von http://www.google.at/url?sa=t&rct=j&q=&esrc=s&source=web&cd=1&ved=0CCYQFjAA&url =http%3A%2F%2Fwww.ktn.gv.at%2F229231_DE-2011-LG-1406-50_Erl-RV.pdf&ei=hust U9nID6L30gXjy4HAAg&usg=AFQjCNGZ_BiCfBvstJ36TOPf4Vh30kEvoA&bvm=bv.62922401, d.d2k, am 14.03.2014

Landesregierung Niederösterreich [Hrsg.]. 2011. Tourismusstrategie Niederösterreich 2015. St. Pölten: Landesreg. NÖ. Abgerufen von http://www.noe.gv.at/bilder/d57/NOE_Tourismusstrategie2015.pdf, am 14.03.2014

Landesregierung Oberösterreich [Hrsg.]. Kursbuch Tourismus Oberösterreich 2011-2016. Linz: Landesreg. OÖ. Abgerufen von http://www.oberoesterreich-tourismus.at/uploads/ media/Kursbuch_Endfassung.pdf, am 14.03.2014

Landesregierung Steiermark [Hrsg.]. Masterplan Tourismus 2015. Graz: Landesreg. Stmk. Abgerufen von http://www.landtag.steiermark.at/cms/dokumente/11245420_5076210/ 23a801ff/15_3614_1_BE.pdf, am 15.03.2014

Landesregierung Tirol [Hrsg.]. 2005. Raumordnungsprogramm: Tiroler Seilbahn- und Skigebietsprogramm 2005. Innsbruck: Landesreg. Tirol. Abgerufen von https://www.tirol.gv_ .at/fileadmin/themen/landesentwicklung/raumordnung/ueberoertl_ro/Seilbahnkonzept/seilbahn programm_050111_bericht.pdf, am 05.04.2014

Landtag Steiermark [Hrsg.]. Betreff: Infrastrukturmaßnahmen Alpine Ski-WM 2013 Schladming, in Materialien des Landtages Steiermark, 15. Gesetzgebungsperiode 2010, Zahl 3532/1. Abgerufen von http://www.landtag.steiermark.at/cms/beitrag/11231105/ 5076210, am 01.04.2014

Lehar, Günther. 2007. Destinationsentwicklung im Lichte tourismusgesetzlicher Rahmenbedingungen - ein Vergleich alpiner Regionen. Innsbruck: Schriftenreihe Tourismus- und Freizeitwirtschaft 2007 des MCI. Abgerufen von http://www.ttr.tirol.at/sites/default/files/up loads/dokumente/Destinationsentwicklung%20im%20alpinen%20Vergleich _Lehar.pdf, am 15.03.2014

Lins, Stefan. 2008. Partizipative Demokratie in Österreich: Möglichkeiten zur politischen Beteiligung auf regionaler und kommunaler Ebene. Innsbruck: Univ. Innsbruck. Abgerufen von http://www.partizipation.at/fileadmin/media_data/Downloads/Forschungsplattform/ lins_partizipativedemokratie.pdf, am 02.04.2014

Luger, Kurt. 2008. Welterbe und Tourismus: Schützen und Nützen aus einer Perspektive der Nachhaltigkeit. Innsbruck; Wien [u.a.]: Studien-Verlag.

Maschke, Lorenz. 2003. Der Nachhaltigkeitsanspruch in der Tourismuspolitik – Theorie und Praxis alpiner Fremdenverkehrsentwicklung. Wien: Diplomarbeit, Technische Universität Wien.

Müller, Guido; Suida, Hermann. 1983. Salzburger Land: Generalinformation (2. Auflage). Salzburg; Wien: Residenz Verlag

Müller, Hansruedi; Kramer, Bernhard; Krippendorf, Jost. 1993. Freizeit und Tourismus: Eine Einführung in Theorie und Politik. Bern: Forschungsinstitut für Freizeit und Tourismus.

Müller, Hansruedi. 2007. Tourismus und Ökologie: Wechselwirkungen und Handlungsfelder (3. Auflage). München; Wien: Oldenbourg Verlag.

Mundt, Jörn W. 2004. Tourismuspolitik. München; Wien: Oldenbourg Verlag.

Nohlen, Dieter; Schultze, Rainer-Olaf [Hrsg.]. 2010. Lexikon der Politikwissenschaft Band 2 N-Z : Theorien, Methoden, Begriffe (4. Auflage). München: Beck.

OGM – Österreichische Gesellschaft für Marketing. 2005. Weißbuch Tourismus Kärnten – Endbericht: Entwicklungsplan für Tourismus und Freizeit 2005-2015. Wien: OGM. Abgerufen von http://preserve.aer.eu/fileadmin/user_upload/SitePreserve/ News_and_events/Peer_review_carinthia/weissbuch.pdf, am 04.04.2014

ÖHT, TOP-Tourismus-Förderung. Abgerufen von http://www.oeht.at/finanzierung-und-foerderungen/top-tourismus-foerderung/, am 03.03.2014

ÖHT, Tourismus: Investitionstätigkeit springt wieder an. Abgerufen von http://www.oeht.at/ fileadmin/user_upload/Dokumente/Presse/PK_2014_Investitionen_Wirtschaft.pdf? rnd=0.04639877764072037, am 04.04.2014

Opaschowski, Horst W. 1991. Ökologie von Freizeit und Tourismus (Freizeit- und Tourismusstudien Band 4). Opladen: Leske + Budrich.

Opaschowski, Horst W. 2002. Tourismus: eine systematische Einführung; Analysen und Prognosen (Freizeit- und Tourismusstudien Band 3; 3. Auflage). Opladen: Leske + Budrich.

ÖREK – Österreichisches Raumentwicklungskonzept. 2011. Österreichisches Raumentwicklungskonzept ÖREK 2011: handlungsräume 2020. Wien: Geschäftsstelle ÖROK. Abgerufen von http://www.phasing-out.at/media/file/790_5_OEREK_2011.pdf, am 05.04.2014

ORF.at Burgenland, Wirtschaft: Wird Urlaub im Burgenland teurer, vom 16.09.2011. Abgerufen von http://bglv1.orf.at/stories/538071/, am 04.04.2014

ORF.at Salzburg, Asyl: Landesrätin heftig kritisiert, vom 22.01.2014. Abgerufen von http://salzburg.orf.at/news/stories/2626852/, am 20.02.2014

ÖROK, ÖROK-Rechtssammlung zur Raumordnung. Abgerufen von http://www.oerok.gv. at/raum-region/daten-und-grundlagen/rechtssammlung.html, am 12.03.2014

ÖROK – Österreichische Raumordnungskonferenz. 2006. STRAT.AT 2007|2013: Nationaler Strategischer Rahmenplan Österreich 2007-2013. Wien: Geschäftsstelle ÖROK. Abgerufen von http://www.oerok.gv.at/fileadmin/Bilder/3.Reiter-Regionalpolitik/ 2.EU-SF_in_OE_07-13/2.1_Nationale_Strategie/STRAT.AT/STRAT-AT_genehmigt_2007-04-04.pdf, am 05.04.2014

ÖW, Besucherzahlen von Sehenswürdigkeiten 2012. Abgerufen von http://www.austria tourism.com/wp-content/uploads/2012/08/besucherzahlen-von-sehenswuerdigkeiten-2012_stand-18-11-2013.pdf, am 18.02.2014

Plümper, Thomas. 2008. Effizient Schreiben: Leitfaden zum Verfassen von Qualifizierungs-arbeiten und wissenschaftlichen Texten (2. Auflage). München: Oldenbourg Verlag.

Prammer, Barbara. 2013. Anfragebeantwortung: in Stenografische Protokolle des Nationalrats, 24. Gesetzgebungsperiode, 13849/AB, eingelangt am 26.04.2013. Abgerufen von http://www.parlament.gv.at/PAKT/VHG/XXIV/AB/AB_13849/fname_301766.pdf, am 30.03.2014

Raos, Josef. 2010. Salzburger Zahlenspiegel 2010: Interpretation. Salzburg: Land Salzburg. Abgerufen von http://www.salzburg.gv.at/statistik_daten_zahlenspiegel2010-interpretation.pdf, am 13.02.2014

Regionalmanagement Burgenland, Phasing Out Programm. Abgerufen von http://www.phasing-out.at/de/aktuelles, am 04.04.2014

Ribing, Rainer [Hrsg.]. 2012. Einführung in die Tourismus- & Freizeitwirtschaft in Österreich. Linz: Trauner Abgerufen von http://www.linder-gruber.at/de/aktuelles/ meldungen/Praesentation_MCI.pdf, am 03.02.2014

Salzburg24, Gemeinderatswahl: Berti Mielach tritt für ÖVP an, vom 21.01.2014. Abgerufen von http://www.salzburg24.at/gemeinderatswahl-berti-mielach-tritt-fuer-oevp-an/3835240, am 23.01.2014

Scharr, Kurt [Hrsg.]. 2011. Tourismus und Gletscherschigebiete in Tirol : Eine vergleichende geographische Analyse. Innsbruck: Innsbruck Univ. Press.

Schmidt, Anna. 1990. Die Entwicklung des Fremdenverkehrs und der Fremdenverkehrspolitik im Bundesland Salzburg. Salzburg: Dissertation an der Univ. Sbg.

Schnürrer, Herwig. 2006. Mobilität mit Qualität: Salzburger Landesmobilitätskonzept 2006-2015 Kurzfassung. Salzburg: Land Salzburg. Abgerufen von http://www.salzburg.gv.at/s-lmk06_kurz.pdf, am 02.02.2014

Silber, Georg. 2010. Präsentation: aws, ERP-Fonds, vom 20.06.2010. Wien. Abgerufen von http://webcache.googleusercontent.com/search?q=cache:o6kAGleH0X0J:https://_www.awsg.at/Content.Node/files/events/20130619-9-erp-Kredite_Arbeitsmarktfoerderung _Silber.pptx+&cd=1&hl=en&ct=clnk&gl=at, am 28.03.2014

Smeral, Egon. 1994. Tourismus 2005: Entwicklungsaspekte und Szenarien für die Tourismus- und Freizeitwirtschaft. Wien: Ueberreuter Verlag.

Sölter, Marc. Einführung in die Tourismuswirtschaft. Abgerufen von http://dr-schnaggels2000.surfino.info/uploads/Einfuerhung_in_die_Tourismuswirtschaft.pdf, 15.01.2014

sport-oesterreich.at, FIS-Skiweltcup Strecken in Österreich. 2013. Abgerufen von http://www.sport-oesterreich.at/fis-skiweltcup-strecken-%C3%B6sterreich, am 15.03.2014

Sportministerium, Bundes-Verfassunsgesetz. Abgerufen von http://www.sportministerium.at/files/doc/Gesetze/Bund/B-VG_Art15.pdf, am  04.04.2014

Statistik Austria, Anzahl der Betriebe und Betten nach Bundesländern und Unterkunfts-arten 2013. Abgerufen von https://www.statistik.at/web_de/statistiken /tourismus/ beherbergung/betriebe_betten/034890.html, am 14.03.2014

Statistik Austria, Erwerbstätige. Abgerufen von http://statistik.gv.at/web_de/statistiken /tourismus/tourismus-satellitenkonto/erwerbstaetige/index.html, am 27.01.2014

Statistik Austria, Tourismus 2013, Pressemitteilung: 10.706-015/14. Abgerufen von http://www.statistik.at/web_de/dynamic/presse/074966, am 06.02.2014

Statistik Austria, Bestand 2012/13, Pressemitteilung: 10.696-005/14. Abgerufen von http://www.statistik.at/web_de/dynamic/presse/074804, am 06.02.2014

Statistik Austria, Die volkswirtschaftliche Bedeutung des Tourismus in Österreich 2000 bis 2013. Abgerufen von https://www.statistik.at/web_de/statistiken/tourismus/tourismus-satellitenkonto/wertschoepfung/019848.html, am 08.02.2014

Statistik Austria, Tourismus-Satellitenkonto – Wertschöpfung. Abgerufen von http://statistik.gv.at/web_de/statistiken/tourismus/tourismus-satellitenkonto /wertschoepfung/index.html, am 08.02.2014

Statistik Austria, Ankünfte und Nächtigungen im Tourismus-Kalenderjahr (2003 bis 2013). Abgerufen von https://www.statistik.at/web_de/statistiken/tourismus/beherbergung /ankuenfte_naechtigungen/030028.html, am 08.03.2014

Statistik Austria, Ankünfte, Nächtigungen sowie durchschnittlicher Aufenthaltsdauer nach Bundesländern (1995 bis 2013). Abgerufen von http://www.statistik.gv.at/web_de/statist iken/tourismus/beherbergung/ankuenfte_naechtigungen/030029.html, am 21.01.2014

Statistik Austria, Ankünfte, Nächtigungen. Abgerufen von http://statistik.gv.at/web_de/sta tistiken/tourismus/beherbergung/ankuenfte_naechtigungen/020999.html, am 07.03.2014

Statistik Austria, Bevölkerungszahl Österreichs stieg auf über 8,5 Mio. zu Jahresbeginn 2014, Pressemitteilung: 10.725-034/14. Abgerufen von https://www.statistik.at/web_de /dynamic/statistiken/bevoelkerung/bevoelkerungsstruktur/075280, am 08.03.2014

Statistik Austria, Regionale Entwicklung des Tourismus. Abgerufen von http://www.statistik.at/web_de/services/wirtschaftsatlas_oesterreich/oesterreich_und_seine _bundeslaender/025911.html, am 15.01.2014

Statistik Austria, Bruttregionalprodukt (BRP), absolut und je Einwohner nach NUTS-3 Regionen, laufende Preise. Abgerufen von http://www.statistik.at/web_de/statistiken/ volkswirtschaftliche_gesamtrechnungen/regionale_gesamtrechnungen/nuts3-regionales_bip_und_hauptaggregate/019126.html, am 11.04.2014

TAI, Sternstunde mit Schönheitsfehler. Vorhang auf für die Tourismusstrategie, vom 05.03.2010. Abgerufen von http://www.tai.at/index.php? option=com_content&view=article &id=1032%3Asternstunde-mit- schoenheitsfehler-vorhang-auf-fuer-tourismusstrategie &catid=47%3Atourismuspolitik&Itemid=42&lang=de, am 03.03.2014

TAI, Smart & Social stellen Tourismus auf den Kopf, vom 14.10.2011. Abgerufen von http://www.tai.at/index.php/de/oesterreich/incoming12/2429-smart-a-social-stellen-tourismus-auf-den-kopf, am 07.03.2014

Thomas, Ursula. 1998. Europäische Tourismuspolitik. Trier: Selbstverl. d. Geograph. Ges. Trier.

Tirol Atlas, Geographie Innsbruck, Die Intensität des Tourismus. 2013. Abgerufen von http://tirolatlas.uibk.ac.at/maps/thema/de/menus/168.pdf, am 15.03.2014

Tourismus und Nachhaltigkeit. Abgerufen von http://nachhaltigkeit.na.funpic.de/ sites/autourismus/tourismus_und_nachhaltigkeit.htm, am 08.02.2014

Tourismusstatistik Kärnten: WHJ 12-13 Format Monatsstatistik. 2013. Abgerufen von http://3dak.get24.at/media/ppm_3dak_kaernten/~M27/27306.3dak.pdf, am 08.04.2014

Tsebelis, George. 2002. Veto Players: How political institutions work. Princeton, NJ [u.a.] : Princeton Univ. Press.

Universität für Bodenkultur Wien, VU Touristische Raumplanung WS 2005/2006. Abgerufen von http://view.officeapps.live.com/op/view.aspx?src=http%3A%2F %2Fwww.wau.boku.ac.at%2Ffileadmin%2F_%2FH85%2FH855%2Fmaterialien %2Ftouristische_rpl%2FT_RPL-Tourismus_in_oe.ppt, am 21.01.2014

Vorarlberg Tourismus GmbH, Das Miteinander von alter und neuer Architektur. Abgerufen von http://www.vorarlberg.travel/de/architektur, am 16.03.2014

Wirtschaftsbund Österreich, Tourismusförderung: Aufruf an die Stadt Wien. Abgerufen von http://www.wirtschaftsbund.at/Content.Node/wien/aktuelles/News/2010_Tourismusfoerderu ng.php, am 04.04.2014

Wirtschaftskammer Tirol [Hrsg.]. Tourismus in Tirol: Herzstück der Tiroler Wirtschaft (2. Auflage). Innsbruck: WKT. Abgerufen von http://news.wko.at/Media/6f5a3cc6-8c7f-4848-96f9-a3568e433b09/tourismusintirol.pdf, am 15.03.2014

WKÖ. 2013. Tourismus und Freizeitwirtschaft in Zahlen (49. Ausgabe). Abgerufen von https://www.wko.at/Content.Node/branchen/sbg/TiZ-2013-A5-V5_2.pdf, am 07.03.2014 WKÖ, Fachverbände. Abgerufen von https://www.wko.at/Content.Node/branchen /oe/ Fachverbaende1.html, am 06.03.2014

WKÖ, Unternehmen und Beschäftigte nach Sparten, Stand Dezember 2013. Abgerufen von http://wko.at/statistik/jahrbuch/unternehmen-sparten.pdf, am 30.03.2014

Zins, Andreas. 1993. Strategisches Management im Tourismus: Planungsinstrumente für Tourismusorganisationen. Wien [u.a.]: Springer Verlag.

# 8 Abbildungsverzeichnis:

# 9 Tabellenverzeichnis: